———————————— 님의 소중한 미래를 위해

이 책을 드립니다.

고통의 쓸모

상한 마음으로 힘겨운 당신에게 바칩니다

고통의 쓸모

—— 홍선화 지음 ——

메이트북스

메이트북스 우리는 책이 독자를 위한 것임을 잊지 않는다.
우리는 독자의 꿈을 사랑하고,
그 꿈이 실현될 수 있는 도구를 세상에 내놓는다.

고통의 쓸모

초판 1쇄 발행 2021년 8월 15일 | 지은이 홍선화
펴낸곳 (주)원앤원콘텐츠그룹 | 펴낸이 강현규·정영훈
책임편집 유지윤 | 편집 안정연·오희라 | 디자인 최정아
마케팅 김형진·이강희·차승환·김예인 | 경영지원 최향숙 | 홍보 이선미·정채훈
등록번호 제301-2006-001호 | 등록일자 2013년 5월 24일
주소 04607 서울시 중구 다산로 139 랜더스빌딩 5층 | 전화 (02)2234-7117
팩스 (02)2234-1086 | 홈페이지 www.matebooks.co.kr | 이메일 khg0109@hanmail.net
값 15,000원 | ISBN 979-11-6002-341-1 03180

나를 파괴시키지 못하는 고통은
나를 강하게 만들 뿐이다.

• 니체(독일의 시인이자 철학자) •

~~~~~~~~~~

장소, 만남, 관계
그리고 정신질환에 대하여

'아침에 일어나 갈 곳이 있다'는 것의 의미를 생각해본 적이 있으신가요?

일상적이고, 자연스럽고, 당연하다 여겨지는 일에 의미를 부여하는 것이 조금은 어색하실까요?

* * *

차로 30km를 달리는 나의 출근길 메이트는 아침 라디오 방송이다. 방송을 듣다 보면 이따금 라디오 DJ의 자연스럽고 일상적인 멘트에 생각이 멈출 때가 있다. 누구에게나 있는 경험처럼 말하는, 그 일상적인 일들이 '모든 사람에게 적용되는 것은 아닌데…'라고 느껴져서이다. 엄마와의 추억이라든가, 아침 출근길의 분주함이라든가, 직장생활의 어려움과 같은 그런 것들이다.

다수의 일상적인 일들이, 일상적이지 않은 소수와 함께하는 나의 직업은 정신건강사회복지사이다. 나는 정신질환으로 인해 손상된 심리·정서·사회적 능력을 회복해가는 정신재활시설에서 일한다.

내가 일하는 곳은 클럽하우스모델을 실천한다. '클럽하우스'라는 용어가 골프클럽이나 SNS로 익숙한 분들이 더 많을 것도 같다. 내가 말하는 클럽하우스는 가치와 철학을 가진 정신건강실천 프로그램으로 정신재활시설의 운영모델 중 하나이다. 1948년 미국에서 집과 병원 외에 갈 곳도 만날 사람도 없던, 정신질환이 있는 사람들이 서로 돕기 위해 만든 자조모임이 클럽하우스모델의 시작이 되었다. 그래서인지 클럽하우스에서는 관계와 공동체가 일만큼이나 중요시된다.

* * *

이곳에서 우리는 매일 아침 출근하면 일 중심으로 꾸려진 일과를 보내고 오후에 퇴근한다. 자기계발이나 여가를 즐기기 위한 프로그램과 여행도 함께한다.

혼자 사는 동료를 위해 반찬을 만들고, 외로움을 느끼는 동료를 찾아가 벗이 되어주기도 한다. 정신질환의 증상으로 혼란을 겪는 동료에게는 앞선 자기 경험을 말하며 이해하고 위로한다. 애사가 있을 땐 조문하고, 경사에는 축하를 나눈다. 햇볕이 잘 들고 지내기 좋은 집을 찾기 위해 함께 발품을 팔고, 가사 관리가 서툰 사람에게 온 집안을 뒤집어 청소하고 정리하는 법을 알려주기도 한다.

우리는 이렇게 사람과 사람 사이에서 일어나는 다양한 일들에 부딪혀가며 인생을 살아내고 있다. 오해나 갈등을 겪을 땐 어떤 방법으로 풀어서 인생에 괜찮은 경험으로 추가시킬 것인가에 집중한다. 그러기 위해 각자의 생각을 말하고, 느낌을 전하고, 원하는 바를 명확히 하려고 노력한다.

우리가 있는 곳은 편의점, 미용실, 빵집, 찻집, 식당들이 적당하게 자리한 깨끗하고 정돈된 작은 동네이다. 인근에는 작은 공원이 있어서 매일 점심시간이면 캐치볼이나 배드민턴을 한다. 길 건너 미용실에서는 우리에게 재능을 기부해주었고, 맞은편 편의점과 코너를 돌아 들어간 카페에서는 직장 경험이 필요한 분들의 취업훈련장이 되어주었다. 그 옆 빵집 사장님은 제빵사를 꿈꾸는 20대 청년에게 멘토가 되어주었고, 골목 뒤 인쇄소 사장님은 모든 인쇄물을 믿고 맡기는 사이가 되었다.

가끔 가게 사장님들이 정신질환의 특정 모습을 물을 때가 있다. 그 질문은 이해를 위한 질문인 경우가 대부분이었다. 좋은 사람들과 이웃하며 지낼 수 있는 동네에 있는 건 정말이지 행운이다. 적지 않은 정신재활시설이 간판을 크게 달지 않거나, 정체성을 드러낼 때 조심스러워한다. 설익은 정신질환에 대한 이해로 사람들에게 미움을 받게 되는 일이 왕왕 있어서이다. 그저 여러 사람이 상한 마음을 위로하며, 일상을 되찾아 가는 공간일 뿐인데도 말이다.

* * *

내가 있는 사무실은 4층에 있다. 건물 한 면에 큰 창이 나 있어서 햇볕이 잘 들고, 오가는 사람들도 잘 보이는 곳이다. 나는 자주 창에 기대어 오가는 사람들을 본다. 인근에 학교가 있어서 학생들이 많고, 원어민교사로 보이는 외국인들도 자주 보인다. 오가는 사람들이 비슷해 낯이 익은 편이다.

가만히 서서 사람들의 모습을 보고 있자면 활기찬 걸음도 있고 지친 어깨도 있다. 웃음이 만개한 여고생도 지나가고, 거친 입담으로 시선을 끄는 남학생들도 지나간다. 연인으로 보이는 젊은이들과, 유모차를 끌고 가는 아이 엄마도 자주 등장한다.

이들 중 나의 시선이 가장 오래 머무는 건 이곳에 다니는 분들의 뒷모습이다. 인사를 하고 집으로 돌아가는 분들의 뒷모습을 종종 지켜볼 때가 있다. 불안정한 걸음으로 아슬아슬하게 걷는 분은 시야에서 완전히 사라질 때까지 바라보게 된다. 가방끈을 움켜쥐고 씩씩하게 땅만 보고 걸어가는 모습, 혼잣말을 중얼거리며 걸어가는 모습, 자전거를 타고 돌아가는 모습. 일상이 된 모습들이다.

하루는 가볍게 팔을 잡고 걸어가는 두 분의 뒷모습을 보았다. 두 사람의 살아온 일들을 알아서인지 그 뒷모습을 바라보다가 먹먹해졌다. 잘살고 싶어서 죽고만 싶었던 분과 20대의 청춘을 정신병원에서 보내야 했던 분이 친구가 되었다. 외로움의 깊이가 닿아서일까, 티격태격하면서도 서로를 가장 잘 알아주는 관계가 된 두 사람이다.

위에서 보니 사람들의 걸어가는 모습이 대충 비슷한 것 같다. 그 사람의 속사정을 모르고는 밥 먹으러 가는 아저씨나 웃음기 가득한 여고생이나 집으로 돌아가는 클럽하우스의 멤버나 다 비슷해 보인다. 그냥 보통 사람이다.

우리가 함께하는 이곳은 더 특별할 것도, 더 의미 있어야 할 곳도 아니다. 그저 누군가 아침에 일어나 갈 수 있는 곳이고, 사람을 만나는 공간이며, 더 나은 삶을 준비하는 장소일 뿐이다. 정신건강사회복지사로 이 장소에 함께 있는 내게 한 가지 바람이 있다면, 정신질환을 바라보는 눈길 한 빛, 말 한마디, 손짓 한 폭이 조금만 부드러워졌으면 좋겠다는 것이다.

언제나 내가 할 일은, 앞에 있는 분에게 새로운 제안을 하는 일이었다. 지금도, 조심스레 제안을 해보려 한다.

* * *

보이지 않는 것을 볼 수 있는 것은, 눈이 아니라 마음이기에 마음의 시선이 맞닿는 지점. 공감共感에서 우리 만나면 어떨까요?

정신질환과 연결고리를 갖는 모든 분과 마음을 나누며.

홍선화

1장   마음을 다치다, 마음이 닫히다
우울과 고립

마음을 다치다,
마음이 닫히다

우울과 고립

생의 끝자락에 서 있는 것 같은 기분,
몸과 마음으로 기억되는 불안,
더는 상처받고 싶지 않은 절박함이
결국 마음의 셔터를 내려버렸다.

어쩌면 우울한 게 자연스러운 건지도 몰라
감정의 자연스러움

> 우울증으로 종합된 그 사람의 상처와 결핍의 사연을 우리는 모른다.
> 우리가 아는 건 그저 그가 '우울증'이라는 것뿐이다.

감정을 표현하는 단어 중에 우울만큼 자주 쓰이는 단어가 있을까? 평소 주변에서 가장 많이 전해 듣는 감정 단어를 생각해보니 우울이었다.

날씨가 흐려서, 일이 잘 안 풀려서, 누군가와 다퉈서, 시험을 못 봐서, 몸이 아파서, 연인이 없어서, 돈이 없어서, 살이 안 빠져서 우울하다. 이쯤이면 우울은 그냥 일상단어가 아닐까 싶다. 물론 표현되는 방법에 따라 경중의 차이는 있다. '꿀꿀해' 정도의 수준은 가볍게 스치는 우울감으로도 볼 수 있다.

그런데 '우울해' 앞에 '요즘' '계속'이 있거나, 뒤로 '못 견디겠어요' '미칠 것 같아요'가 붙으면 자세를 고치고 듣게 된다.

내 주변에 우울한 사람이 많은 건가 싶어 SNS에서 검색을 해봤다. 한 곳의 SNS에서만 우울 65.8만 개, 우울증 14만 개, 우울해 9.8만 개의 게시물이 검색됐다.

그리고는 이내 '우울' '우울증' '우울해'를 차례로 검색한 나에게 게시물이 위험한 내용일 수 있다는 경고와 함께 도움을 줄 수 있는 상담센터 안내창이 떴다. 게시물 숫자에 놀랐다가 안내창에 조금은 다행이다 싶었다. 우울한 사람도 많지만, 그 마음을 알아봐주려는 노력도 있는 것 같았다.

우울함을 표현하는 것은 그 상태에서 벗어나려는 시도이고, 그 마음을 알아봐달라는 신호이기도 하다. 그래서 우울한 마음을 알아봐주는 것은 치유의 첫 단계가 된다. 그런데 누가 알아봐줘야 하는 걸까?

🌿 숨은 감정 찾기 ~~~~~~~~~~~~

나에게는 감정을 쉽게 드러내는 건 좋지 못하다는 고정관념이 있다. 알게 모르게 스며들어온 생각이다.

감수성이 예민한 아이였던 나는 크게 웃거나, 툭하면 운다는 이유로 종종 핀잔을 듣곤 했다. 초등학생이던 때 짝꿍과 놀다 담임선생님에게 야단을 맞은 적이 있는데 큰 웃음 탓에 무안할 정도의 면박을 받기도 했었다(나는 지금도 그 선생님의 표정을 잊지 못한다).

이런 경험들은 한 겹 한 겹 쌓여 내가 나를 평가하는 내면의 기준이 되었다. 그리곤 담임선생님과 같은 표정으로 나의 감정에 옐로카드를 던져댔다.

'크게 웃으면 안 돼. 작게 말해!'

내가 나에게 던지는 경고는 다른 사람이 던지는 것보다 가혹하다. 마치 내가 생각하는 것처럼 남들도 나를 생각할 것 같고, 후회하면서도 쉽게 개선하지 못하는 자신이 답답하다. 스스로 자신의 말과 행동을 평가하고 곱씹는 일은 정말이지 힘들다.

나는 이 힘듦에서 벗어나기 위해 시간을 되돌려야 했고, 용기를 내어 기억 속을 들여다보았다. 지금과 상황은 다르지만 핀잔을 듣고 무안해서 숨고 싶었던 마음과 그런 나를 부끄러워하는 내가 보였다. 그때의 낯 뜨거움은 생생한 감각기억으로 내게 남아 있었다.

더는 낯 뜨겁고 싶지 않았던 나는 그래서 감정을 숨겨야 한다

고 생각했던 것이다. 성격 탓에 감정을 잘 숨기지 못해 옐로카드
를 남발하면서도 말이다.

"왜 그런지 모르겠는데 그냥 우울해."
"나는 그냥 그게 좋아(또는 싫어)."

대화하다 보면 '그냥'이라는 말을 자주 쓰게 된다. 설명이 모호
해서 에둘러 그냥이라고도 하지만 때론 잘 모르겠서 그냥이라
고 한다.

바로 이 '그냥' 안에 숨어 있는 감정에 관심을 갖는 일이 '숨은
감정 찾기'이다.

숨은 감정은 기분과 행동에 선명하게 영향을 미치지만 여러 이
유로 정체를 잘 드러내지 않는다. 느껴지는 것은 있는데 느낌의
이유를 알 수 없는 것은 이 때문이다.

숨은 감정 찾기가 항상 필요한 것은 아니다. 때론 덮어두는 편
이 나은 감정도 있다. 그리고 별다른 이유 없이 정말, 그냥 그렇게
느껴지는 일도 있다. 매사에 번번이 감정의 이유를 찾으려 들면
피곤해서 못 산다.

숨은 감정 찾기가 필요한 순간은 앞선 나의 경험에서처럼 특정
감정으로 힘든 때이다. 괜히 화가 나고, 짜증이 솟는데 더는 내버

려둘 수 없다는 생각이 들 때 시작하면 된다. 이유도 모른 채 걷잡을 수 없는 우울감에 빠져드는 때도 그렇다.

🌿 감정의 계산법 〜〜〜〜〜〜〜〜〜〜〜〜〜〜〜〜〜〜

잠시 상상을 해보자. 만약에 마음 안에 감정을 담아두는 주머니가 있다면, 나의 주머니에는 어떤 감정들이 담겨 있을까? 그림으로 그려봐도 좋겠다. 먼저 주머니를 그리고 그 안에 감정의 이름을 적는다. 비중에 따라 글씨를 크거나 작게, 진하거나 연하게 써본다. 반대로 '왜 없지?' 싶은 감정은 주머니 밖에 쓰고 글자 앞에 −(마이너스) 표시를 한다.

모두 그렸다면 크기가 가장 큰 것부터 천천히 생각해보는 것이다. 이 감정이 언제부터 시작되었는지, 누구와 있을 때 커지거나 작아지는지, 이 감정이 느껴질 때 나에게 어떤 변화가 일어나는지, 반대로 마이너스 된 감정이 있다면 그것은 나에게 어떤 의미가 되는지.

단순하지만 평소 인식하지 못했던 감정을 찾는 데 도움이 되는 작업이다. 차분하고 진지한 자세로 해본다면 효과는 기대 이상이 될 수 있다.

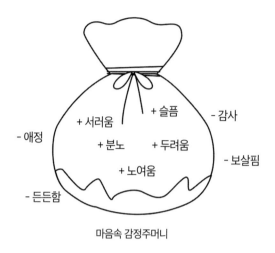

마음속 감정주머니

감정주머니에 애정·보살핌·든든함·편안함·안전함은 결핍되고, 서러움·슬픔·두려움·억울함·분함이 더해진 삶을 살아온 사람이 있다면 어떨까? 상상이 어렵지 않을 것이다.

아니, 상상보다는 예측이라는 표현이 더 적절하겠다. 무언가 예측이 되었다면 아마도 그 예측이 맞을 것이다. 극단적인 예 같지만 이런 극단의 삶을 살아온 사람들이 있다.

이른 나이부터 고된 삶을 살아내야 했기에 몸과 마음 그리고 영혼까지 지쳐 있다. 너무 깊은 아픔이 자기 존재의 의미와 가치를 알지 못하고 헤매게 했다.

나는 누구인가? 왜 숨이 붙어 있는가? 왜 살아야 하는가? 한 청년은 여덟 살 때 든 이 의문에 대한 답을 스무 살이 넘어서도 찾지 못했다고 했다.

"감정은 더하기와 빼기가 분명하다"는 말이 있다. 마음에 쌓인 감정은 어떤 형태로든 그 존재감을 드러낸다. 들어오면 들어온 대로, 결핍되면 결핍된 대로 말이다. 있어야 할 것이 없거나, 없어야 할 것이 더해진 결핍과 상처로 마음에 탈이 나는 것이다.

누군가에게 의지하고 싶지만 사람을 믿지 못하고, 전쟁터 같은 마음이 괴롭지만 벗어나질 못한다. 머릿속엔 답이 없는 질문들이 맴돌고, 아무것도 할 수 없을 것 같은 느낌에 사로잡히기도 한다. 좋은 것이든 나쁜 것이든 감정은 다 버겁게만 느껴져 거부하고 싶어진다.

한겨울에 얇은 옷을 입고 밖에 나가면 금세 감기에 걸린다는 걸 누구나 아는 것처럼 매서운 삶을 맨몸으로 버텨온 사람에게 어떤 병이 찾아올지 예측하는 건 그리 어렵지 않다. 어쩌면 외롭고, 무섭고, 서글픈 일들을 아무런 보호 없이 겪어야 했던 사람에게 우울증이 찾아 드는 건 자연스러운 일인지도 모르겠다. 그 깊은 무력감과 우울에 슬픈 공감이 이는 건 이 때문이다.

이렇게 보면, 우울증은 누적된 상처와 결핍의 결과인 셈이다. 그러니 집중해야 할 것은 우울장애가 아니라 상처와 결핍으로 다친 마음이겠다.

혹시, 이런 적 있으세요?

"평소랑 다르게 요즘은 사는 게 재미없고, 아무것도 하기 싫어졌어요. 짜증도 늘고 어떤 날은 울적해서 괜히 눈물이 나기도 해요. 우울증검사라도 받아봐야 할까요?"

우울은 사람이 느끼는 여러 감정 중 하나입니다. 그 자체로는 문제가 되지 않습니다. 실직이나 이사, 이혼처럼 스트레스가 높아지는 때에 느끼는 우울감은 자연스러운 현상입니다. 대개는 주변의 도움과 자기회복능력으로 나아질 수 있습니다.

사별과 같은 상실로 인한 애도의 감정에는 그 도움과 시간이 조금 더 필요해지기도 합니다. 다양한 삶의 사건에서 경험하는 우울감정을 모두 병리적으로 해석할 필요는 없다고 생각합니다. 다만 이런 경우라면 한 번 더 생각해볼 필요가 있습니다.

40대 중반에 찾아온 우울증은 A씨의 삶을 송두리째 흔들어버렸다. 처음에는 그냥 기분이 울적하고 가끔 사는 게 재미없게 느껴지는 정도였다. 통원치료를 받다 멈추기도 몇 번 했다. 점점 매사에 의욕이 사라지더니, 울적한 기분도 느껴지지 않았다. 마냥 누워만 있고 싶어져 그대로 3일을 누워만 지냈다. 3일 만에 배가 고파 냉장고 문을 열었는데 그대로 기억이 멈췄다. 정신을 차리고 보니 문 열린 냉장고 앞에 누워 있었다고 했다. 자신의 상태에 놀랐고, 냉장고 안 음식을 거의 먹어치웠는데 기억이 없어서 더 놀랐다. 그 후로 A씨는 감정과 함께 사라져버린 삶의 의미를 되찾기 위해 고통의 시간을 보내야 했다.

우울한 감정이 지속되고 일상은 물론 대인관계, 학업, 직장생활에까지 지장을 주게 된다면 치료를 고려하게 됩니다. 우울증으로 인한 감정 변화는 예측하기 어려운 말과 행동으로 본인과 주변을 당황하게 합니다. 암울하고 비관적인 생각이 반복되고, 좌절감, 절망감, 죄책감에 자주 사로잡히게 됩니다. 혼자라는 생각에 취약해지며, 자신을 돕는 사람이 있다는 것을 쉽게 잊게 됩니다.

때론 주변의 격려나 지지를 믿지 못하는 이유로 갈등이 생기기도 합니다. 의욕과 에너지가 바닥난 느낌으로 기력이 없고, 수면과 식사도 불규칙해집니다. 일상의 균형이 무너지고, 힘든 감정을 감당하기 어려워 모든 상황을 죽음으로 종결짓고 싶은 소망을 갖기도 합니다.

이렇게 우울증이 생활에 장애를 가져오게 될 때 우울장애를 진단하게 됩니다. 우울장애의 증상이 다양하고, 개인의 상황에 따라 차이가 있기에 전문가 상담을 받는 것이 좋습니다.

임상적으로 2주 이상 계속되는 우울감과 함께 위의 증상 중 일부가 나타난다면 전문의 상담 및 치료를 권장합니다.

얼어버린 마음
혹한의 인생 초년을 살아내고 있는 아이들

아이들의 얼어버린 마음을 녹여줄 누군가라도 많아졌으면 좋겠다.
이제, 이 고민은 우리 모두의 고민이 되어야 하지 않을까.

"엘리베이터가 우리 층에 도착하면 '땅' 소리가 나잖아요. 그 소리가 들리면 심장이 터질 것만 같았어요. 구둣발 소리가 나면 그때부터 긴장이에요."

20대 초반의 Y씨는 어린 시절을 회상하며 말했다. 술주정꾼에 폭력적인 아버지가 밤늦게까지 귀가하지 않은 날엔 Y씨는 외출복으로 갈아입고, 바지 주머니에는 교통카드를 넣어 두고 이불 속에서 숨죽이고 있었다. 아버지가 늦는 날은 대개 만취 상태로 들어오는데 결코 조용히 잠을 잘 수 없는 날이 되기 때문이었다. 여차하면 집밖으로 도망가야 했던 그가 경험을 통해 얻은 나름의 노하우였다.

Y씨는 이유를 알 수 없는 불안감이 자주 엄습해온다고 했다. 불안하고 긴장이 되는데 그 이유를 알 수 없어 더 불안하다고 했다. 정체를 알 수 없는 불안의 이유를 찾아가던 우리는 그의 어린 시절에 닿았다. 어쩌면 그때의 경험들이 무의식중에 영향을 미치고 있는 것은 아닐까 생각했다.

그의 이야기를 듣다 보니 쉽게 이름 붙여지는 '불안'이라는 감정과는 다른 무언가가 그에게 있는 것 같았다. 우리는 그때의 마음, 생각, 그리고 몸의 느낌들을 하나씩 되짚어봤다. 때로는 우리가 알아채지 못한 감정의 조각을 몸이 기억할 때가 있기 때문이다.

Y씨는 몸의 느낌을 기억하던 중에 "무서웠어요"라고 말했다. 당시에 심장이 너무 뛰어서 숨쉬기가 어려웠고, 다리에 힘이 풀려 도망가지 못할까봐 겁이 났다고 했다. 등골부터 타고 내려오는 싸늘함과 터질 것 같은 심장박동의 기억이 고스란히 남아 있었다. 그에게 술에 취한 아버지와 마주하는 것은 무서움 그 자체였다.

🌿 몸과 마음으로 기억되는 무서움 ──────

불안으로 표현된 감정 속에 숨어 있는 무서움을 찾아낸 일은 우리에게 매우 중요했다. 불안의 실체를 본 것과 같았기 때문이다. 불안과 무서움은 시점이 다르다. 불안의 시점은 미래다. 예측되거나 또는 예측할 수 없는 무언가 때문에 우리는 불안해진다. 그 일이 일어나거나 혹은 일어나지 않을까봐 불안한 것이다. 반면 무서움은 과거에 있다. 무서웠던 상황이 마음속에서 재연되면서 과거의 무서움을 지금도 느끼게 되는 것이다.

Y씨도 이성적으로는 자신이 성인이 되었고, 아버지도 사망한 지금 그때와 같은 상황이 재연되지 않을 것을 안다. 하지만 위로받지 못한 무서움은 마음에 남아 알 수 없는 불안으로 형태를 바꾸어 그 존재를 알린 것이다. 여기 무섭고 슬펐던 마음이 그때 그 상태 그대로 얼어버린 채 있다고 말이다.

무서움에 휩싸인 마음은 상대를 실재보다 더 큰 존재로 인식하게 한다. 반면 자신은 작고 연약한 존재로 느껴진다. 그래서 상대의 고압적인 태도나 부당한 폭력에도 감히 대항할 수 없게 된다. 무서워서 아무것도 할 수가 없게 되는 것이다.

20년 넘게 가정폭력을 당해온 부인은 무서워서 남편을 쳐다보지 못했다고 했다. 그런데 이혼을 하고 난 지금도 여전히 다른 사람의 얼굴을 잘 바라보지 못한다. 무서움에 웅크리고 고개를 숙인 채 살아온 것이 습관이 되어서다.

이렇게 몸과 마음으로 기억되는 무서움은 얼마나 자주, 오랜 시간 반복되었는지에 따라 노이로제가 되기도 한다. 자라를 보고 놀란 가슴이 솥뚜껑을 봤을 때도 놀라는 것과 같다.

노이로제는 일종의 신경증으로 신경쇠약과 유사하다. 특정 자극이나 상황에 반복적으로 노출될 때 자동으로 일어나는 심리적 반응이다.

최근에는 노이로제를 불안장애나 우울장애로 보기도 한다. 그 이유는 노이로제로 생겨나는 심리적 반응이 우울이나 불안을 비정상적으로 증가시켜서 일상생활을 어렵게 하기 때문이다.

노이로제는 정서적 면역력을 떨어뜨린다. 몸의 면역력이 약해지면 잦은 감기나 피부질환에 쉽게 걸리게 되는 것처럼 정서적 면역력이 약해지면 스트레스에 취약해지고, 작은 일에도 예민해진다. 대개 사람들이 가볍게 넘길 수 있는 일도 크고 무겁게 받아들이게 되고, 심리적 고통을 크게 느낀다. 스트레스에 취약해진다는 건 살면서 겪게 되는 크고 작은 일들에 대처할 능력이 떨어지는 것을 말한다. 스트레스 상황에 유연한 대처가 어렵고, 스스로 아무것도 할 수 없는 상태로 판단해 에너지가 고갈된 느낌, 혼란스러운 느낌에 빠져들기도 한다.

아버지의 늦은 귀가, 엘리베이터가 서는 소리, 구두 발자국 소리는 어린 시절의 Y씨에게 노이로제 반응을 일으켰고, 그때마다 감당하기 버거운 무서움에 휩싸여온 것이다. 자극은 사라졌지만 마음속 무서움은 아직까지도 남아 그때의 상황이 재현될까봐 불안했던 것이다.

🌿 얼어버린 마음 ━━━━━

아이들의 노이로제 반응은 행동으로 표현되는 경우가 많다. 불편한 감정을 다루는 데 익숙하지 않은 아이들은 자신이 할 수 있는 몇 가지의 행동들로 그 감정에서 벗어나려고 시도한다. 예를 들어 부모가 다툴 때 어떤 아이는 연예인처럼 양쪽을 오가며 웃음을 주려고 애쓰기도 하고, 어떤 아이는 숨소리도 들리지 않게 숨기도 한다. 드러나는 모습은 다르지만, 내면에 자리한 감정의 색깔은 비슷하다. 감당할 수 없는 무서움에서 벗어나려는 나름의 전략인 것이다.

아홉 살 L군을 만나게 된 건, 이 같은 감정이 행동으로 표현되고 있어서였다. L군은 반복해서 커터 칼로 손과 팔을 그었다. 아버지가 달래도 보고, 혼내도 봤지만 소용이 없었다고 한다. 깊은 상처는 아니지만 반복하는 것이 문제였다.

아버지와 함께 상담실에 들어온 L군은 무표정이었다. 슬프지도 화나지도 않은 것 같은 그런 표정이 더 걱정스러웠다.

"지금까지 네가 9년의 인생을 살았는데 어땠던 것 같아?"

"…"

"지금까지 너의 인생에서 가장 행복했던 것을 딱 하나만 꼽는다면, 어떤 게 있을까?"

L군은 잠시 생각하는 것 같더니 이내 "없어요"라고 짧게 답했다.

"그렇구나. 그러면 반대로 가장 슬펐던 일은?"

"엄마랑 아빠가 아주 많이 싸웠어요. 엄마 머리에서 피가 많이 나서 구급차가 왔어요. 그때부터 엄마랑 아빠랑 따로 살아요."

"아… 그런 일이 있었구나. 그때 너는 어디에 있었니?"

"문 뒤에요."

"엄마 머리에서 피가 난 건 어떻게 알게 된 거야?"

"문틈으로 보였어요."

L군에게 그날의 기억은 너무 무서웠고, 부모님의 결별은 자신을 필요 없는 사람으로 느끼게 했다. L군은 칼로 팔을 긋는 이유를 그때 자기가 살아 있는 것을 느낄 수 있기 때문이라고 말했다. 아홉 살 아이에게서 들을 말이 아니었다.

L군은 무서움으로 가득 찬 마음을 냉담한 얼굴 안에 감추고 지내왔다. L군의 아버지에게 부자가 함께 심리치료를 받아 볼 것을 제안했었다. 심리적 관계에서 아이 혼자 독립적일 수 없기 때문이다.

부모가 나아지면 자녀들도 자연스럽게 나아지는 경우가 있다. 설령 그 자녀가 성인이 되었다 해도 마찬가지다. L군에게 가장 우선되는 치료는 L군을 담아내줄 아버지의 품이 회복되는 것이었다. 그 품에 한껏 안겨보는 경험이 세상 어떤 치료약보다도 강한 효력을 가진다고 나는 확신한다.

어린 시절 즐겨하던 '얼음땡'이란 놀이가 있다. '얼음'은 내가 술래가 되지 않게 해주지만 누군가의 '땡'이 없으면 조금도 움직일 수가 없다. 술에 취한 아버지가 집에 들어온 순간, 부모가 격렬하게 싸우는 순간에 외친 '얼음'에도 '땡'이 필요하다. 만약 시기를 놓쳐 아이가 어른이 되었다면 그때라도 늦지 않았으니 '땡'을 해주자. 시간과 노력이 조금 더 필요하기는 하지만 늦게라도 얼어붙은 마음을 녹여주는 것이 중요하다.

아이들에게 아픔이 있어야 한다면, 부디 견뎌낼 수 있을 정도의 아픔만 있었으면 한다. 만약 그것이 어렵다면 아이들에게 숨 쉴 구멍, 얼어버린 마음을 녹여줄 누군가라도 많아졌으면 좋겠다. 정말 그랬으면 좋겠다.

1장

소아 우울, 들어보셨나요?

아홉 살 이하의 아이가 물건을 훔치는 것은 도둑질이 아니라 사랑을 훔치려는 것이라는 말이 있습니다. 아이의 행동 뒤에 감추어진 이야기에 세심한 귀기울임이 필요한 이유이기도 합니다.

아이들의 우울은 일반적으로 알려진 우울증 증상과는 다르게 표현되기 때문에 주의 깊게 살펴야 볼 수 있습니다. 대개 행동으로 표현되는 특징이 있어서 자칫 산만한 아이, 반항적인 아이, 부적응적인 아이로 보일 수도 있습니다.

다음은 소아 우울의 주요한 특징들을 정리한 것입니다.

☐ 과다 활동
☐ 파괴적이고 공격적인 비행
☐ 학교 거절증
☐ 무단결석

☐ 성적 저하
☐ 신체증상 (졸림, 피곤 또는 복통, 두통 등을 호소하는데 꾀병으로 보이기도 함)
☐ 분노 발작
☐ 공포증
☐ 방화
☐ 물질 남용
☐ 환각과 망상(소아·청소년 주요 우울장애에서 나타날 수 있으며 대체로 죄책감이나 죽음 등의 내용임)

물론 이런 특징에 해당한다고 해서 모두 소아 우울로 판단할 수는 없습니다. 다만 이런 특징들을 보인다면 관심을 갖고 아이를 살펴주는 것이 필요합니다. 아이의 행동 그 이면에 있는 감정을 알아봐주는 것은 어른들의 몫이니까요.

생각의 블랙홀
생각에 지친 사람들

멈추지 않는 걱정과 불안으로 통제감을 잃을 것 같을 때면
나는 티베트의 속담을 중얼거린다. '걱정을 해서 걱정이 없다면 걱정이 없겠네.'

살다 보면 한 번쯤 삶의 답을 못 찾겠고, 막막하기만 한 때가 누구에게나 있지 않을까? 아무리 고민해봐도 별수가 없는 그럴 때 말이다. 답이 없는 걱정이란 걸 알면서도 생각이 좀처럼 멈춰지지 않아 하얗게 밤을 지새우기도 한다. 그렇게 생각의 꼬리잡기를 하다 보면 걱정의 실체는 온데간데없고 '걱정하는 나'만 덩그러니 남기도 한다.

그런데 이런 날이 '살다 보면 한 번쯤'이 아니라 매일 계속된다면 어떨까? 게다가 그 내용이 자책이나 타인의 시선을 의식하는 것이라면, 생각은 그 자체만으로도 고통스러운 일이 된다.

작고 여린 체구에 새하얀 피부를 가진 G씨의 눈은 매일 부어 있었다. 울고 또 운 탓이다. 그 울음은 아버지의 죽음에서 시작됐다. G씨는 아버지의 죽음이 병이 아닌 자신 때문이라고 믿고 있었다. 부모님의 반대를 무릅쓰고 한 결혼이 아버지를 죽게 했다고 생각했기 때문이다.

자책으로 시작된 생각은 주변에 안 좋은 일들을 자기 탓으로 돌리며 계속해서 자신을 벌주게 했다. 과도한 죄책감이 애도의 슬픔을 지나쳐 심한 우울을 느끼게 했고, 심지어 낯선 환청도 겪게 했다.

과도한 죄책감

자신의 탓이 아닌데도 유독 죄책감을 잘 느끼는 사람들이 있다. 죄책감은 저지른 잘못에 책임을 느끼는 감정인데 확인된 잘못이 없는데도 잘못을 저지르지 않았을까 걱정하거나, 일어난 상황보다 크게 죄책감을 느끼는 것이 과도한 죄책감이다. 일어나지 않은 일에까지 책임감을 느끼는 것이다.

이들은 마치 죄 지은 사람처럼 위축된 모습을 보이거나 습관처

럼 미안하다는 말을 자주 한다. 매사에 실수하지 않을까 걱정하
게 된다.

과도한 죄책감을 느끼는 일상의 피로는 상당하다. 관계를 지
키고 싶은 만큼 대화는 조심스러워지고, 소소한 말과 행동도 곱
씹어가며 후회하기도 한다. 행여나 자신의 실수로 주변에 피해를
주게 될까봐 노심초사하고, 상대의 반응에 촉각을 세우며 기분을
살핀다. 사람들과 어울리며 살아가기 위해 매일같이 내면의 에너
지를 재가 되도록 태워야 하는 것이다.

여기에 우울감이 더해지면 생각은 망상처럼 굳어지거나, 피로
감을 감당할 수 없어 대인관계를 철수하게 된다. 누구도 만나고
싶지 않고, 아무데도 가고 싶지 않게 되는 것이다.

우울감과 죄책감은 무엇이 먼저이든 간에 서로에게 영향을 끼
친다. 과도한 죄책감이 우울감을 높이기도 하고, 심각한 우울감이
죄책감을 키우기도 하는데, 이런 상태가 지치고 버거우면서도 좀
처럼 벗어나지를 못한다. 마치 블랙홀에 빠진 것처럼.

만약 멈춰지지 않는 생각으로 몸과 마음이 축나고 있다면, 아
무런 근거가 없는데도 주변에서 일어나는 일들이 내 탓처럼 느
껴진다면 생각해봐야 한다. 죄책감이 마음을 좀먹고 있지는 않는
가? 죄책감이 관계를 괴롭게 만들지는 않는가? 그리고 그것이 정
말 내 탓인가를 말이다.

🌿 변화는 결심에서 시작한다⌇⌇⌇⌇

훌륭한 책을 읽거나, 마음을 울리는 일을 경험했거나, 인생에서 바닥을 친 경험이나 영적인 각성을 경험할 때 우리는 변화의 계기를 얻게 된다. 변화를 자극하는 경험은 자주 찾아오지 않는데, 이때 변화를 결정하지 않으면 그마저도 한낱 에피소드에 불과한 일이 되고 만다.

심리학 이론인 '선택이론'은 어떤 순간에도 우리는 선택을 할 수 있으며, 선택에 따른 책임이 자신에게 있다고 말한다. 인간에게는 스스로 선택할 수 있는 능력과 결정권이 있다는 것이다. 이 이론을 단순하게 적용해본다면, 생각의 블랙홀에 머물 것인지 빠져나올 것인지를 내가 선택할 수 있으며, 그 선택에 따른 결과는 내가 감당할 몫이 된다.

변화는 결심에서 시작한다. 방법은 뻔하다. 결심이 어렵다. 결심이 서고 나면 승부는 그 뻔한 방법을 우직하게 실천하는 성실함에 달리게 된다. 결심이 섰다는 건 내가 선택을 했다는 의미이고, 우직한 실천이 감당해야 할 몫이 되는 것이다.

블랙홀에서 빠져나오기를 선택했다면, 다음 순서는 우직한 실천의 방법들을 획득해가는 것인데, 그 방법은 내가 할 수 있는 것이어야 한다. 가령 반복되는 생각은 찰나에 들어와 자동화 기계처럼 돌아가기 때문에 생각이 드는 건 막을 수가 없다. 하지만 들어온 생각을 처리하는 건 해볼 만한 일이 된다. 그 방법 중에 인지행동치료에서 활용하는 생각 바꾸기가 있다.

생각을 바꾼다는 말은 두 가지 의미로 볼 수 있는데 하나는, 새로운 생각을 하는 것이다. 반복되는 생각(A)으로 가득 찬 머릿속에 새로운 생각(B)을 추가해 반복의 흐름을 깨는 것이다. 특정 생각에 몰입돼 벗어나기 어려울 때 의도적으로 새로운 생각을 머릿속에 넣어주는 방법이다.

새로운 생각을 넣는 일이 쉽지 않을 땐 몸을 움직이는 것도 방법이 된다. 어머니들이 속 시끄러울 때 집안 대청소를 하는 건 매우 지혜로운 일이다. 몸을 움직여 머릿속 공간을 비우거나, 새로운 생각을 넣을 틈을 만들 수 있기 때문이다.

생각을 바꾼다는 두 번째 의미는 반복되는 생각 A를 다르게 해석해 A′로 바꾸는 것이다. 이때 사용하는 방법은 논박이다. 반복되는 생각 중에 비합리적인 것을 논박해가며 합리적인 생각으로 바꿔가는 방법이다. 대개는 자신의 비합리적인 생각을 모르는 경우가 많아서 상담에서 도움을 받는다.

나는 이 논박의 과정을 스스로 해보는 것을 제안해본다. 내 생각을 내가 논박하는 것이다. 나는 이것을 셀프논박이라고 부른다. 방법은 간단하다. 반복적으로 떠오르는 생각을 글로 적고 조목조

목 확인하며 생각을 바꿔가는 것이다.

일종의 팩트 체크Fact-checking처럼 말이다. 생각은 어느새 들어와 순식간에 반복하기를 반복하기 때문에 그 흐름을 바꾸기 위해선 소리 내어 '잠깐!'이라고 말하는 것도 좋다. 그런 뒤에 맴도는 생각 하나를 두고 논박을 시작해본다.

예를 들어 '사람들은 나를 싫어할 거야'라는 생각이 있다면 셀프논박의 질문은 이런 것이 될 수 있다.

- 나를 싫어한다는 객관적인 근거가 있나?
- 상대가 나를 싫어한다는 것을 어떤 점에서 알 수 있지?
- 다른 사람에게 확인해본 적이 있었나?
- ☆ 만약 상대가 나를 싫어하지 않는다고 말한다면, 나는 그 말을 믿을 수 있을까?
- 사람들이 나를 싫어할 거라는 생각은 누구의 것인가?

상황이나 내용에 따라 너무 확고한 믿음이 느껴질 때는 자신의 느낌이 맞는지 직접 상대에게 확인을 받는 것도 필요하다. 여기서 중요한 포인트는 ☆표로 된 질문, 내가 상대의 말을 믿을 수 있는가에 있다. 대개는 이런 생각이 개인적인 느낌에 의한 것이다 보니, 확인을 해주게 되는 상대가 당황스러워하기도 한다.

사실, 셀프논박은 어느 정도 마음에 힘이 있을 때 효과를 기대할 수 있다. 자신감이 부족하고, 자존감이 낮아져 있을 때 '사람들이 나를 싫어할 거야'라는 생각이 들면 그 생각에 맞춘 대화가 시뮬레이션되고, 상상 속 경험만으로도 불편한 감정에 사로잡히게 되기 때문에 논박할 여력이 부족해진다. 그럴 땐 도움을 받는 것이 좋다.

논박은 단순한 '반대로 생각하기'가 아니다. 그런 생각이 자라게 된 나의 역사와 그 역사 속의 나를 이해하고 위로해가면서 괜찮다고 말해주는 과정이다. '울면 안 된다'는 생각을 '울어도 된다'로 뒤집는 것이 아니라, 울면 안 됐던 상황을 헤아려 이제는 '울어도 괜찮다'고 말해주는 것과 같다. 그 말 속에는 상황의 맥락을 이해하고, 공감하는 마음이 있어야 한다.

셀프논박은 글로 쓰거나 소리 내어 말할 때 더 효과적이다. 글을 쓰다 보면 자연스레 생각이 정리되고, 귀로 들리는 자신의 목소리에 생각의 흐름이 달라질 수 있기 때문이다. 셀프논박은 이렇게 도움을 받거나 자문자답을 하면서 흘러가는 생각의 고삐를 잡아간다.

셀프논박은 '나는 이런 생각이 든다. 그래서 내 마음이 힘들다'라고 말하는 것부터가 시작이다. 마음을 느끼고, 생각을 말할 수 있어야 바꾸어야 할 것과 바꿀 수 있는 것이 무엇인지 알 수 있기 때문이다. 이 말을 하기까지 많은 시간을 가슴앓이 해야 하는 사람도 있다. 속도가 더디더라도 셀프논박을 할 수 있는 날까지 계속 말하기와 듣기를 반복했으면 한다. 다른 사람이 천 번을 말해주어도 내가 스스로 한번 믿는 것만 못하기 때문이다.

만약에 생각하고 싶지 않은데도 반복해서 떠오르는 생각이 있는가? 그렇다면 그 생각이 새로운 블랙홀을 만들기 전에 셀프논박을 시도해보았으면 한다.

마음을 내려다보다

생각을 살피는 일은 생각하는 나를 생각하는 것입니다. 말장난 같지만 그렇지 않습니다. 이미지로 표현한다면, 한 계단 위에 올라서서 내가 나를 내려다보는 시선입니다. 어떤 생각에 빠져 있을 때 한 발짝 뒤로 물러나, 한 계단 위에 올라서서 생각에 빠진 나의 모습을 살펴보는 것입니다. 이러한 자기인식을 자기조망 또는 초인지라고 합니다. 저는 이것을 기르는 훈련이 중요하다고 생각해서 자주 소개하는 편입니다.

한 번은 스트레스 관리의 한 방법으로 초인지를 소개할 때였습니다. 한참 설명을 하고 있는데 청중 한 분이 "꼭 스캔하는 것 같네요. 내가 나를 머리부터 발끝까지 스캔하듯이 살펴보라는 거잖아요"라고 말했습니다. 개떡같이 말해도 찰떡같이 알아듣는다는 말은 이럴 때 쓰는 건가 싶었습니다.

그분의 표현을 빌려 설명을 더하자면 내 안에 일어나고 있는 생각들을 천천히 스캔하듯 바라보자는 것입니다. 여기서 꼭 주의해야 할 점은 스캔한 생각에 시비를 걸지 않아야 한다는 것입니다. 노력하는데도 원치 않는 생각이 반복되는 걸 한탄하거나 내 생각에 옳고 그름을 따지다 보면 초인지는 사라지고 생각의 시름만 더해지기 때문입니다.

제 경험으로는 이것이 쉬운 일은 아닌 것 같습니다. 스치는 생각에도 시비를 가리려 하거나, 나의 옳고 그름을 다른 누군가에게 확인받고 싶은 마음이 자주 일었습니다. 그러는 사이 초인지는 어느새 계단 아래로 내려와 있었고요.

다행인 점은 제가 그러고 있다는 것을 안다는 것입니다. '자꾸 생각에 시비를 걸고, 옳음을 인정받고 싶은 마음이 크구나' 생각하고 다시 초인지를 가동시켜 시비를 걸고 있는 나를 바라보려고 애씁니다. 미숙한 저는 하루에도 수십 번 초인지가 계단을 오르내리지만 계속하다 보면 조금 더 나은 인생이 되리라 생각합니다.

도道 중에 가장 높은 도는 '냅도'라고 하던데, 도 닦는 심정으로 그냥 나를 냅두기로 결심하는 것도 좋은 방법입니다. 나도, 남도 있는 그대로 내버려두기가 어렵기 때문에 비유적으로 냅도를 높은 경지의 도道로 표현한 듯합니다. 나를 있는 그대로 내버려두는 수행(?)을 하다 보면 '내가 왜 그랬지? 그때 그렇게 하지 말걸'과 같이 후회되는 일들에 조금은 쿨해질 수 있습니다.

'아, 진짜 후회되네. 그런데 어쩌겠어. 그것도 내가 한 일인걸. 그럴 수도 있지.'

여기에서 '그럴 수도 있지'는 소화제 역할을 합니다. 후회와 아쉬움, 자책

1장

등으로 꽉 찬 속에 '그럴 수도 있다'라는 말이 이해와 수용 작용을 해서 감정의 체기를 내려줍니다. 그래서 저는 '그럴 수도 있지'를 마법의 주문이라고 부릅니다.

감정이 체했을 때 이 주문을 외워보세요.

'그럴 수도 있지.'

마음에 빗장을 걸다
고립을 선택하다

> 너무 큰 상처로 다친 마음은 세상을 향하는 문에 빗장을 건다.
> 그 빗장은 은둔인 동시에 생존의 도구가 된다.

마음이 지치고 고단한데 그 피로를 이해받지 못한다고 느껴지면 심리적 고립이 일어난다. 심리적 고립은 별 게 아니다. 아무도 내 마음을 몰라주는 것 같은 느낌, 세상에 나만 혼자인 것 같은 느낌에 사로잡혀 마음이 고독해지는 것이다.

지친 마음을 추스르고, 딛고 일어설 힘이 있으면 이 고립감은 일시적으로 머물다 사라지지만 심리적 에너지가 부족할 땐 깊은 고립감으로 빠져들게 된다. 고립감은 시야를 좁아지게 만들고, 주변의 사람과 상황을 헤아릴 여력이 없어지게 한다. 누군가를 헤아릴 여력이 없는 마음은 사소한 말과 행동에도 쉽게 상처받게 된다.

마음에 상처가 감당할 수 없을 만큼 커지게 되면 감정은 자동으로 셔터를 내린다. 더는 상처받고 싶지 않아서 감정을 차단하는 것이다. 주변을 향한 냉담함으로 시작된 감정은 서서히 표현도 느낌도 공감도 동감도 모두가 플랫이 된다.

✒ 감정의 플랫 ～～～～～～～～～～～

나는 여러 신발의 종류 중에서 플랫flat이라는 신발을 좋아한다. 플랫은 굽이 거의 없어서 발바닥이 땅에 닿는 느낌이다. 대부분의 플랫들은 소재도 가벼워서 신발을 신지 않은 것 같기도 하다. 맨발로 걷는 걸 좋아하지만 맨발로 걸을 용기를 잃은 나에게는 위로 같은 신발이다. 플랫이란 단어가 신발과 만났을 때는 멋도 되고 편함도 되고 위로가 되기도 하지만, 감정과 만났을 땐 좀 다르다.

감정의 플랫을 직역하자면 감정의 평평함 내지 편평함으로 볼 수 있다. 감정기복이 심한 사람이라면 기복이 심한 것보다 평평한 편이 낫다고 여길 수 있겠지만, 여기서 말하는 평평함은 잔잔

함과는 다르다. 감정의 평평함은 감정을 차단하는 데서 생긴다. 그 원리를 과학적으로 설명하지는 못하겠지만 감정을 차단하는 일은 의식과 무의식이 함께 작동해서 일어나는 듯하다.

'그 일을 생각하고 싶지 않아! 더는 상처받고 싶지 않아!' 하는 강렬한 소망이 의식적으로 생각과 감정을 억제하면서 마치 '아무렇지도 않은 것'처럼 느끼게 한다. 또한 어떤 경우에는 그런 의식적인 노력 없이도 생각과 감정이 패스되기도 한다.

그렇게 패스된 감정은 어디 외딴곳으로 가는 것이 아니라 무의식으로 들어가게 되는데 이를 억압이라고 한다. 억제도 억압도 방어기제이다. 자아가 살기 위해 친 배수진 같은 것이다.

감정을 차단하고 사는 사람은 감정표현이 제한적이고 정서적인 교류가 잘 흐르지 않아 마치 무미건조한 사람처럼 보인다. 어떤 상처들이 감정을 차단하게 만드는 걸까?

상처의 내용과 깊이는 저마다 다른데, 요즘은 부쩍 학교폭력의 피해자를 자주 보게 된다. 여러 사람들과의 대화 속 교집합에 학교폭력이 전보다 증가했다. 신체적 가해만큼이나 가혹한 것이 놀림과 따돌림이다. 점점 더 과격해지고, 잔인해지는 청소년 범죄를 접할 때마다 여간 걱정스러운 것이 아니다.

모든 폭력이 그렇지만, 학교폭력 역시 치명적이다. 사회생활의 대부분이 동년배와의 어울림으로 이뤄지는데 또래에게 당한 폭력은 그 시작단계를 공포로 물들게 하기 때문이다. 몸과 마음을 멍투성이로 만든 놀림, 괴롭힘, 폭행은 기억 속에 남아 시공을 초월해 영향력을 행사한다. 놀림이라고 표현했지만 조롱에 가까운 정서적 폭력은 사람을 한없이 초라하게 만들고, 자존감에 깊은 흉터를 남긴다.

🌿 폭력을 당해도 되는 사람은 없다 ～～～～

이 당연한 사실이 당연하지 않은 삶을 살아야 했던 사람은 그 당연한 사실로 인해 자신이 더 초라하게 느껴진다. 종종 폭력의 피해자였던 자신을 부끄럽게 여기는 분들을 본다. 부당한 폭력의 희생자였음에도 불구하고, 폭력 속에 웅크리고 앉아 대항하지 못했던 자신을 수치스럽게 느껴 정서적 자해를 하기도 한다.

부끄러우면 숨고 싶은 게 사람의 마음이다. 누구나 그럴 것이다. 그런데 부끄러움을 넘어선 수치심은 사람들 앞에서 발가벗겨진 듯한 고통을 준다. 그것이 너무 괴로워서 차라리 모든 것을 감정 밑바닥에 묻어버린 채 아무도 만나지 않고 사는 편이 낫다고 선택했을지도 모르겠다.

나는 어쩔 수 없는 선택도 있다고 본다. 그 선택이 최선이어서가 아니라 그 선택 말고는 달리 방법이 없어서이다. 생각보다 많은 사람이 몇 안 되는 선택지를 두고 어쩔 수 없는 선택을 하면서 산다. "선택의 여지가 없잖아요. 어쩔 수가 없었어요"라고 하는 그들의 그 선택 앞에 말문을 열기가 어려웠다.

🌿 5.04㎡ 동굴에 갇힌 사람들

방문을 걸어 잠그고 인기척 없이 숨죽여 사는 분을 찾아간 적이 있었다. 그분의 배우자가 답답하고, 걱정되고, 화나는 마음을 견디다 못해 도움을 요청했다. 부부는 문이 닫힌 후로 몇 년을 보지 못했다고 했다. 한참동안 방문을 두드리며 설득한 후에야 가족들이 외출하고 없다는 것을 확인한 뒤 문이 열렸다.

15년이 지난 지금, 그 집이 서울에 있는 한 아파트였다는 것 외에 찾아가는 길도, 주소도 기억이 나지 않는다. 하지만 그 문이 열린 순간 한눈에 들어온 방과 그분의 모습은 방금 본 것처럼 생생하다. 벗겨진 장판과 벽지, 말라붙은 밥솥과 그 위를 종횡무진 하는 바퀴벌레들. 머리카락을 길게 늘어트린 구부정한 몸이 그 안에서의 생활이 어땠는지를 단번에 보여줬다.

가족 외에 문을 두드린 사람이 처음이었다고 했다. 부부갈등과

폭력이 심했고, 자녀들이 자라면서 배우자는 물론 자녀들에게까지 언어폭력을 당했다고 한다. 그런 가족과 마주치고 싶지 않아서 방안에서만 지내기 시작했는데, 꽤 많은 시간이 흐른 것 같다고 했다. 집에 아무도 없을 때만 가끔 나와서 볼일을 봤고, 가족이 집에 있는 날엔 그게 며칠이든 방안에서만 있었다고 한다. 그분은 서울 한복판 5.04m²의 동굴 속에 몸과 마음을 가두고 숨죽여 살고 있었다.

저마다의 이유로 5.04m² 안에서의 생활을 선택한 사람들이 있다. 어떤 학생은 엄마의 말에 화가 나서 한 달 동안 자기 방에서 나오지 않았다. 어떤 청년은 세상에 나와 봤자 할 수 있는 일은 없기에 집에서 나오지 않았다. 어떤 부인은 사람들과 말하는 것이 싫어서 집에서만 지냈다.

한 달째 방에서 안 나오고 있다고 해서 만나러 간 중학생은 방문을 열어주지는 않았지만, 부모님이 내게 하는 이야기가 거짓말이라며 방안에서 크게 화를 냈다. 가만히 대화를 듣고 있던 거였다.

또 집 앞에 찾아가 아무리 불러도 대답이 없던 한 아이 엄마는 "담임선생님이 아이를 걱정하고 있습니다"라는 말에 문을 열어주었다. 담임선생님에게 학교에 방문해달라는 전화를 여러 번 받았지만 집 밖으로 나갈 수가 없었다고 했다. 마침 내가 선생님이 아이를 걱정한다고 말해 무슨 일인지 듣고 싶어서 문을 열었던 것이다. 삼고초려 끝에 문을 연 것은 우울증으로 힘겨운 와중에도 아이를 걱정하는 엄마의 마음이었다.

고립은 감정을 차단하는 것부터 몸을 은둔하는 것까지 다양한 형태로 일어난다. 다 귀찮고 싫어서 집 밖에 안 나가기도 하고, 두렵고 무서워서 숨기도 하며, 필요한 최소한의 대화만 하면서 제한된 생활을 하기도 한다.

이렇게 시작된 고립은 누군가의 노크가 있을 때까지 계속된다. 노크는 "누구세요?"로 대화를 시작하게 한다. 방문이든 마음의 문이든 일단 두드리고 볼 일이다.

우리는 상황에 따라 문을 걸어 잠그는 사람이 될 수도 있고, 문을 두드리는 사람이 될 수도 있다. 내 마음의 문이 닫히게 되는 순간을 떠올려보면, 상대의 문을 두드리는 방법을 알 수 있지 않을까.

당신의 감정은 안녕하신가요?

마음을 표현하는 감정단어를 들어본 적이 있으신가요? 감정, 신체적 느낌, 에너지 수준을 언어로 표현한 것을 감정단어라고 하는데요. 느낌과 감정의 종류만큼 그것을 설명하는 어휘도 다양합니다. 감정단어는 감정의 표현인 동시에 감정을 인식하는 방법이 되기도 합니다. 자주 사용하는 말을 되짚다 보면 그 안의 감정을 알게 되는 셈이지요.

감정단어를 두루 사용하면 나의 상태를 상대에게 더 잘 전달할 수 있기에 의사소통에 도움이 됩니다. 소중한 사람과의 소중한 관계를 위해 다양한 감정단어를 사용해보는 것은 어떨까요?

감정을 표현하는 어휘는 다음과 같이 크게 8개의 범주로 분류되고, 다양한 단어로 표현됩니다.

- 사랑, 행복, 즐거움, 기쁨을 표현하는 어휘

- 슬픔, 후회, 좌절, 절망을 표현하는 어휘

- 화, 분노, 원망, 미움을 표현하는 어휘

- 두려움, 불안, 놀람, 놀라움을 표현하는 어휘

- 부끄러움, 죄책감, 의심을 표현하는 어휘

- 소외, 외로움, 서러움을 표현하는 어휘

- 에너지 수준을 표현하는 어휘

- 신체적 느낌을 표현하는 어휘

다양한 감정단어 중 몇 개를 아래의 박스에 담아보았습니다. 아래의 감정단어 박스 중에서 자주 사용하는 단어가 있다면 ✔표시를 해보세요

초조하다	찡하다	철렁하다	통쾌하다	창피하다
허무하다	편안하다	행복하다	허전하다	쓸쓸하다
훈훈하다	짜증스럽다	후련하다	자랑스럽다	부끄럽다
기쁘다	궁금하다	그립다	나쁘다	상쾌하다
평화롭다	안쓰럽다	야속하다	억울하다	아프다
용감하다	얼떨떨하다	외롭다	우습다	예쁘다
답답하다	놀라다	감격스럽다	화나다	다행스럽다
무섭다	두렵다	무겁다	미안하다	어이없다
보고싶다	밉다	벅차다	안타깝다	흐뭇하다
불쾌하다	부담스럽다	불안하다	불편하다	허탈하다
괜찮다	불행하다	따분하다	원망하다	뿌듯하다

속상하다		심술 나다		설레다		슬프다		서럽다	
정겹다		당황스럽다		고맙다		불쌍하다		걱정스럽다	
괴롭다		산뜻하다		신기하다		반갑다		신나다	
좋다		울적하다		유쾌하다		즐겁다		조마조마하다	
버겁다		텅빈 것 같다		사랑하다		씁쓸하다		절망적이다	

이제, 두 가지 질문을 드려보겠습니다.

첫 번째 질문입니다. 박스 안에는 80개의 감정단어가 있습니다. 이 중 몇 개의 감정단어를 사용하고 계신가요?

두 번째 질문입니다. 박스 안에는 25개의 긍정적 느낌의 감정단어가 있습니다. 여러분의 감정박스 안에 긍정 감정단어는 몇 개가 있으신가요?

더는 버틸 수 없다고 느끼는 순간
생사의 기로에 서다

> 그들의 마음은 사는 일이 막막하고, 어떻게 살아가야 할지 몰라서
> 지친 마음이었다. 죽음, 그 자체를 원하는 분은 아직 만나지 못했다.

희망이 없다고 느낄 때, 누구도 나를 원하지 않는다고 느껴질 때, 모든 게 힘들고 지겨울 때, 내가 할 수 있는 일이 아무것도 없다고 느낄 때, 완전히 혼자라고 느껴질 때, 답이 안 보일 때, 더는 버틸 수 없다고 느껴지는 순간 죽기로 결심한다.

죽음 외에 방법이 없다고 생각되는 때가 있다. 숨을 조여 오는 생각들이 더는 버틸 힘도, 살아야 할 의미도 없다고 느끼게 한다. 한없는 무력감과 우울감에 이렇게 사는 일이 지옥처럼만 느껴지기도 한다. 세상도 상황도 사람도 모두 나에게만 매정한 것 같다.

사람을 만나고 세상에 나가는 일이 두렵고 버겁다.

우주 한가운데 나만 덩그러니 앉아 있는 것 같다. 아니, 나만 홀로 버려진 것 같다. "왜! 왜!! 나만 이렇게 힘들게 살아야 하는 거야!"라며 세상에 따져 묻고 싶다. 마음 한구석으로는 죽음으로 세상에 복수하고도 싶다. "다 너희 때문이야!"라고 쏘아붙여보고 싶다.

그럴 수 없다는 것을 알기에 복수의 타깃은 자기 자신이 된다. 우울증은 얼어붙은 분노라는 별명을 갖고 있다. 그 분노가 내뿜는 에너지가 서슬 퍼런 얼음창이 되어 자신을 공격하는 것이다.

🌿 사는 일이 고된 사람들

한국생명존중희망재단 홈페이지에 게시된 자살통계 자료(2021년 5월 31일 현재)에 따르면 여자가 남자보다 1.25배 많은 자살생각을 하고, 우울감을 경험한 여성이 그렇지 않은 여성에 비해 약 10배 더 많은 자살생각을 한다고 한다. 청소년의 13.1%, 성인의 5.0%가 자살을 생각해본 경험이 있으며, 자살을 생각한 이유로 청소년은 37.2%가 학교성적을, 노인은 27.6%가 건강문제를 말했다. 성인의 38.2%는 경제적 어려움을 말했다. 이쯤이면 자살은 더 이상 남의 일이 아니다.

나는 사는 일이 고된 사람들을 만난다. 그래서인지 내가 만나는 분 중에는 자살을 생각해보았거나 계획했거나 시도했던 분들이 많다. 그 생각은 참으로 질기고, 지독해서 사람의 얼을 갉아먹는다. 수시로 찾아오는 죽음에 대한 생각은 무력감이나 우울감과 같은 증상이 아니더라도 그 자체만으로 사람을 괴롭게 한다. 죽고 싶다는 생각 자체가 힘을 갖고 사람을 병들게 하는 것이다.

그 생각 앞에서 부, 명예, 학력, 지위는 무색하다. 일찍이 부처님께서 인생은 고해苦海라 하셨는데 어떤 사람은 멋진 크루즈를 탈 돈이 있지만 고해의 파고가 너무 세서 타질 못하고, 어떤 사람은 오리발 하나 살 돈이 없어서 망연자실 맨몸으로 파도를 맞는다. 어찌 보면 인생의 고해 앞에서 인간은 평등해지는가 보다. 누구의 파도가 더 셀지 알 수가 없으니 말이다.

🌿 무엇이 중요한 걸까?

집에 불을 지르고 자신도 죽어버리겠다고 전화한 분을 찾아간 적이 있었다. 모든 준비를 마쳤다는 그를 설득해서 겨우 사는 집을 확인했다. 우리의 신고를 받은 경찰은 이미 현장에 도착해 위험 소지가 있는 물건들을 수거하고 있었다. 일면식도 없던 그에게 나를 소개했다.

그는 전화 속 위태롭던 목소리와는 달리 머쓱한 미소를 지으며, "에이~ 선생님, 그냥 장난인데 뭘 경찰까지 부르셨어요" 했다. 그가 말한 장난으로 나는 1시간 30분 동안 그를 설득하고 달래고 위로하며 사무실에서 그의 집까지 달려왔고, 나의 동료들은 많지 않은 정보를 모아 경찰에 신고했고, 경찰 2명은 긴급출동을 했다.

그는 몇 해 전 저지른 방화로 생긴 흉터 때문에 고립된 생활을 해오고 있었다. 부모님에 대한 화로 불을 질렀는데 남은 건 화상 자국뿐이라고 했다. 이전 범죄력 때문에 경찰에 잡혀갈까봐 장난이라고 말한 것이었다. 누구도 자신에게 관심이 없는 줄 알았는데, 이렇게 찾아와주니 고맙다는 조금은 황당한 그의 말이 쓸쓸했다.

사회복지사로 일하면서 중요하게 여겨야 하는 몇 가지 가치가 있다. 그중 하나가 '자기결정권'이다. 당사자가 스스로 결정할 수 있도록 돕는 것이다. 매 순간 이 가치를 잊지 않으려고 노력한다. 그렇지 않으면 상대를 내 뜻과 계획에 맞추려 드는 도 넘은 서비스를 하게 되기 때문이다. 그런데 이 가치를 실천할 수 없는 때가 자살상담이다.

'죽고 싶다'고 하는 사람에게 자기결정권을 존중한다고 할 수는 없는 일 아닌가. 그리고 무엇보다 그들도 죽기를 원하는 것 같지 않았다. 내가 느낀 그들의 마음은 사는 일이 막막하고, 어떻게 살아가야 할지 몰라서 지친 마음이었다. 죽음, 그 자체를 원하는 분을 나는 아직 만나지 못했다.

나는 가능하다면 자살상담은 피하고 싶다. 그건 너무 마음 졸이고, 긴장되는 데다 겁 많은 나로서는 감당하기가 어렵다. 그런데도 정신건강 현장에 있다 보면 피할 수 없는 것이 또 자살상담이다.

상담할 때면 나는 마음 깊은 곳에서 그들이 죽지 않았으면 좋겠다고 느꼈다. 그냥, 살아야 할 것 같았다. 삶이 아름답거나 좋아서는 아니다. 생명은 소중하다는 말의 깊은 뜻도 나는 충분히 모른다. 그저 생각을 조금만 바꿔보면 달라질 수도 있지 않을까 싶었다. 지금 숨 막히게 조여 오는 그 압박의 틀에서 조금만 빗겨나와보면, 전부라 느낀 것이 전부가 아닐 수도 있다는 생각을 할 수 있지 않을까 해서였다.

얼마 전 한 통의 전화를 받았다. 사회가 코로나19로 일시정지되었던 때 어디에서도 누구에게도 환영받지 못한다고 생각한 그는 살길이 없다고 했다. 수급비로 근근이 생활을 이어가고 있지만, 하루라도 빨리 취업을 해서 보통 사람들처럼 일상을 살고 싶다고 했다. 그는 잔뜩 화난 목소리로 "거기서도 상담을 못 한다고 하면 그냥 죽지요, 뭐"라며 사납게 말했다. 그의 말 속에 '나 지금 너무 힘들어요'가 읽혔다. 한참 그의 하소연을 듣고 나서 천천히 몇 가지 제안을 했다. 그리고 내 마음에 읽힌 그의 마음을 말해주었다.

고단한 삶만 살다 보면 경직된 생각과 태도가 켜켜이 쌓이면서 작은 구멍 하나 내기 어려울 정도로 견고해진다. 어떤 말도, 어떤 방법도 통하지 않을 것 같은 이 단단한 벽 옆에 서서 두드리고, 또 두드리면서 작은 바늘구멍 하나 생기기를 기다리는 것이 내가 하는 일이다. 자리를 지키고 앉아 언제 찾아와도 그 자리에 있는 사람이 되는 것이다. 나의 부족한 실력 탓도 있지만, 오랫동안 희망을 잃은 듯한 삶을 살아온 사람이 다시 희망을 품기까지는 많은 시간과 노력과 기다림이 필요하기 때문이다.

앞서 자살통계를 소개한 한국생명존중희망재단(구, 중앙자살예방센터)이 자살위기에 놓인 사람을 상담하는 일만큼이나 중요하게 하는 일이 그들의 이야기를 들어줄 그 누군가를 교육하는 일이다. 전문가가 아니더라도 가까이에 있는 친구와 가족의 이야기를 잘 들을 수 있는 방법을 알려준다.

여행지로 떠나는 여행은 혼자라도 좋지만, 인생의 여정은 혼자라고 느낄 때 버거워진다. 그래서 누군가와 함께 걷는다는 건 다행스러운 일이다. 가는 길을 물어갈 수도 있고, 못가겠다 싶을 땐 끌어줄 수도 있으니 말이다. 혼자여서 혼자라고 느끼는 고독감은 인간적이지만, 고립감으로 채워진 혼자라는 생각은 슬프다.

슬픔은 마음을 지나치게 가라앉게 하고 울적한 상태로 끌어간다. 마음의 상태가 울적해질수록 혼자라는 생각은 더 크게 다가온다. 마치 오가는 배 한 척 없는 망망대해에 '나만 홀로 섬'에 갇힌 것처럼 느껴진다.

그래서 우리는 말을 하고, 말을 듣고, 서로를 살펴야 한다. 그것만으로도 '나만 홀로 섬'에서 벗어날 수 있기 때문이다. 사나운 말투로 말을 들어주지 않으면 죽어버리겠다던 분도 차분히 그의 이야기를 들어주었을 때 부드러운 말씨로 변했다.

지독한 고립감과 불안이 죽음의 그물을 끌고 또다시 찾아올지도 모른다. 감정의 실타래가 얽히고설켜 풀리지 않는 괴로움을 키울 수도 있다. 죽음만이 답인 것 같은 생각에 압도될 수도 있다. 하지만 도움을 청하는 그 순간, 가장 지독했던 그때의 순간과는 다른 자리에 서 있게 될 것이다. 누군가에게 도움을 청하는 일은, 내가 할 수 있는 매우 능동적인 나를 위한 일이다.

~~~~~~

나와 누군가를 위해 도움이 필요하신 분들에게
_한국생명존중희망재단(kfsp.org)

할머니의 유산

나의 외할머니는 소박하며 순한 분이셨다. 평생 쪽진 머리를 해오신 할머니의 뒷모습은 동생이 사드린 작은 은비녀만큼 왜소하고 소담했다.

외할머니가 우리집에서 며칠을 지내다 가신 적이 있다. 마침 김장철이어서 온갖 채소를 까고, 써느라 바쁠 때였다. 할머니는 모두의 만류에도 극구 무채를 써시겠다며 무를 드시고는 "괜찮어~ 이틀만 아프면 돼" 하셨다. 실랑이를 벌이던 우리는 멈칫했다. 그리고는 그냥 이틀 아프시라고 무를 드렸다.

나는 엄살이 좀 있다. 아플 것을 예상해서 미리 비명을 지르기도 하고, 통증보다 더 아프다고 하기도 한다. 굳이 그렇게까지 하지 않아도 될 일에서는 더러 민망할 때도 있다. 엄살을 부리지 않는 게 멋있어 보여서 참으려고도 해봤지만 잘 안 됐다. 아흔이 다 되신 어른의 경지를 생각만으로 오르려 했으니 잘 안 될 만도 하다.

외할머니 이야기를 조금 더 해보려 한다. 외할아버지는 외할머니보다

13년 앞서 돌아가셨다. 할아버지의 장례를 치르던 날. 방 한구석에 기대앉아 계신 할머니의 손을 잡아 드렸다. 할머니는 "아이고⋯. 한쪽 팔이 없어진 것 같다"고 하셨다. 팔순의 할머니가 평생을 같이한 배우자를 떠나보낸 아픔은 신체 일부를 잃은 것과 같으셨나보다. 큰 아픔을 겪은 후에 마음과 몸을 함께 추슬러야 하는 이유가 여기에 있겠구나 싶었다.

할머니 말씀처럼 마음의 아픔도 '이건 이틀짜리' '이건 일주일짜리' 하며 통증의 기간을 가늠할 수 있으면 얼마나 좋을까. 쉬 가늠되지 않는 아픔도 있겠지만 얼마간 아프면 나아질 거라고 예상할 수 있다면 말이다.

지금 떠올려보니 할아버지의 장례가 치러지는 3일 동안 사람들이 분주히 오가고, 이런저런 이야기들이 집안 가득 채웠을 때 할머니의 목소리는 들리지 않았던 것 같다. 고요히 앉아 팔을 잡고 계신 모습만 기억에 남아 있다.

어쩌면, 할머니는 그 3일을 오롯이 잃어버린 팔과 함께 계셨나보다. 상여가 나가는 순간에도 제일 뒤에 계셨다. 할머니는 고요히, 천천히 애도하며 진짜 장례를 치르신 것이다.

깊은 슬픔과 마주했을 때는 고요히, 천천히 기다려야 한다는 것.
아프지 않으려 애쓰기보다 가늠되는 통증은 그냥 느끼라는 것.
그리고 때로는 아픔의 기한을 정해놓으라는 것.

그 지혜는 할머니께서 내게 남겨주신 유산이다.

2장

상한 마음을 안고
살아가는 사람들

정신증과 중독

한 사람의 인생을 송두리째 흔들어버리는 병,
함께 사는 가족의 진을 다 빼버리는 병,
가장 고약한 병.
나는 그것을
조현병과 중독이라고 생각한다.

마음 둘 곳 없는 방랑자아
환각과 망상에 자리를 튼 마음

> 마음의 공간, 마음의 힘이 부족해질 때 자아는 자기를 지탱해낼 새로운 공간을 찾는다. 그 공간에서만큼은 상처받지 않기 위해 철벽을 세운다.

듬성듬성 기름진 머리 위로 하얀 먼지가 내려앉았다. 움츠린 어깨와 최소한의 움직임은 P씨의 '기운 없음'을 보여줬다. 유독 눈과 코 주변에 눈곱과 각질이 수북했다.

P씨에게 머리를 감는다는 건, 물에 머리카락을 잠깐 담갔다 빼는 일이었다. 세수도 크게 다르지 않았다. 그는 누구와도 견줄 수 없을 만큼 위생상태가 좋지 않은 분이었다. 하루는 어떤 이유에서 그렇게 씻는 게 힘든 건지 궁금했다.

"선생님, 제가 궁금한 게 있는데요. 여쭤봐도 될까요?"

"뭔데요?"

"혹시, 머리를 감기 힘든 이유가 있으세요?"

"아, 그게요… 선생님, 무서워서 그래요."

"무서우시다고요?"

"그게 있잖아요. 머리를 감으려면 고개를 숙여야 하잖아요. 그게 무서워요."

"고개를 숙이는 게 무서우신 거예요?"

"네. 그것도 무섭고, 눈 감는 거도 무섭고 그래요."

"아… 언제부터 무서우셨던 거예요?"

"그게요, 소리가 자꾸 들려요. 막 뭐라고 해코지하는 말 같은 게요."

"아는 사람 목소리인가요? 혹시 어떤 소리인지 짐작 가는 게 있으세요?"

"귀신이요. 귀신이 자꾸 날 놀려요. 머리를 감으려고 고개를 숙이면 내 위에서 나를 잡아먹을 거 같아요. 그래서 그래요."

　그날 그분은, 머리카락이 산들바람에 날릴 만큼 뽀송뽀송하게 머리를 감았다. 귀신이 잡아 먹을까봐 무서워서 머리를 못 감았던 것이니 내가 욕실 앞에 앉아 머리를 감는 동안 지켜준다고 했다. 귀신이 나타나면 바로 문을 열고 들어가서 구해줄 테니 걱정 말고 맘 편히 머리를 감으시라고.

머리를 감는 동안 욕실 앞에 앉아서 시시콜콜한 대화도 나눴다. 눈곱도, 각질도 비누로 싹싹 닦아냈다. 그리고 우리가 대화하는 동안 귀신은 오지 않았다. 귀신 목소리가 들리는 환청 때문에 무서워서 씻을 수가 없었다는 말에, 그동안 위생관리표를 만들어 체크하던 사회복지사도 귀신처럼 보이지 않았을까 싶었다. 그 무서운 일을 자꾸 하라고 강요한 일이 죄송했다.

환청은 환각의 한 종류다. 환각은 실제로는 시각, 미각, 촉각, 청각, 후각에 아무런 자극이 없는데 자극을 느끼게 되는 것이다. 감각기관에 따라 환시, 환미, 환촉, 환청, 환후로 불린다. 환각은 조현병의 주된 증상 중 하나인데 가장 두드러지는 것이 환청이다. 기분 좋은 소리보다는 비난하거나 욕하는 말이 들린다는 분이 많고, 이명과 비슷한 잡음으로 불편을 겪는 분도 적지 않다. 환후나 환미를 느끼는 분도 있는데, 내가 만났던 분은 밤마다 고구마 찌는 냄새 때문에 배가 고파진다고 했다. 환촉은 중독 상태에서도 나타나는데 약물에 취해 있을 때나 금단현상이 있을 때 몸에 벌레가 기어가는 것처럼 느껴지고 보이기도 한다.

환각은 실제가 아닌데도 실제로 느껴져 거기에 반응하게 된다. 특히 환청은 말소리로도 들리기 때문에 대화를 하기도 하고, 자신의 생각, 말, 행동에 대한 비난이나 특정 행동을 지시하는 말이 들리면 괴로움을 겪게 된다. 환청의 내용은 사람마다 달랐는데 내가 경험한 바로는 가장 숨기고 싶은 기억이나 깊은 마음의 상처, 콤플렉스가 환청으로 편집되는 듯했다. 그리고 그것은 환청으로만 드러나지는 않았다.

P씨의 환청 속에는 하나님에게 벌을 받아 귀신에게 잡혀갈 거라는 생각이 자리하고 있었다. 엉뚱하고 비논리적이지만 강한 신념처럼 믿게 되는 것이 망상이다. 이 망상이 환청과 함께 내면의 복잡한 심경을 드러내게 한다.

망상은 내용에 따라 과대망상, 피해망상, 관계망상, 신체망상, 허무망상, 전파망상 등으로 구분된다. 과대망상에 빠진 사람들은 자신을 선지자, 재림예수, 우주의 주관자 등으로 소개한다. 자기 존재를 먼지처럼 여기는 허무망상과는 천지 차이다. 주변에서 일어나는 일들이 자기와 관계되어 있다고 믿는 관계망상이나 외부로부터 생각이 주입되어 조종당한다고 믿는 조종망상, 반대로 자신의 생각이 전파를 타고 퍼져나간다고 믿는 전파망상이나 신체의 일부를 왜곡해서 지각한 대로 믿어버리는 신체망상이 있다. 사람마다 망상의 내용과 증상이 다른데, 그건 그가 가진 사연과 생각의 차이 때문이다.

🌿 마음의 은신처 〰〰〰〰〰〰〰〰〰

마음이 상처를 입으면, 사람은 자신을 지켜내기 위해 방어기제 (Defense Mechanism)를 사용한다고 한다. 방어기제는 심리학적 용어로 외부의 공격이나 두려움, 좋지 않은 경험들로부터 자신을 보호하기 위해 작동하는 일종의 정신적인 방어체계이다.

이러한 방어기제는 거의 본능적이고 자동적으로 일어나는데, 이 방어체계가 뚫렸을 때 망상이 만들어진다고 본다. 방어기제로 막아낼 수 없는 상처로부터 자기를 보호하기 위해 만들어진 것이 망상인 셈이다.

과대망상이 있는 분들과 인터뷰를 하다 보면 이상하게도 부모가 원하지 않은 임신이었거나 유산에 실패해 출생한 경우가 많았다. 부모가 원하지 않은 아이였던 이들은 망상 속에서 우주의 주관자, 세상의 중심이 되어 있었다. 슬픈 역설이다. 나의 경험으로 제한된 이야기이지만 내가 그런 역사를 가진 사람만 찾아 만난 것은 결코 아니기 때문에 우연의 일치라고만 보기에는 어려울 것 같다.

나는 망상에 관한 여러 설명 중에 『정신적 은신처』라는 책에서의 설명에 상당 부분 공감한다. 이 책에서는 망상을 '정신적 은신처'로 표현한다. '자신을 보호하는 갑옷과 같은 것, 보호받을 수 있는 곳'으로 망상의 세계를 설명한다. 이어 타인이나 현실과의 접촉을 회피함으로써 불안을 피하게 하는 방어체계라고 덧붙인다.

정신분석가 프로이트도 내적파국을 겪은 사람이 한 번 더 살아보기 위해 세운 주관적 세계로 망상을 설명했다. 이들의 시선으로 본다면 우리가 병리로만 간주하는 망상은 사실 자기 존재의 회복을 향한 시도이며, 내면을 재구축하는 과정이 된다.

자아를 안전하게 보호하기 위해 만든 요새. 살기 위해 숨어 들어간 내면의 은신처. 그들의 영혼이 은신할 곳을 마음 안에 만들어야만 했던 그 이유를 헤아려준다면 어떨까.

"상당수의 분석을 통해 우리는, 원래 자아와 외적 세계 사이의 틈이던 곳을 망상이 마치 반창고처럼 덮는다는 것을 알게 되었다."(Freud 1927:151)

🌿 환상 속으로 뛰어들다

망상은 보통 비합리적이고, 논리적이지 못한 주관적 신념으로 설명되는 사고(생각)의 장애다. 실체가 보이지 않아도 그것을 믿는 순간, 망상은 하나의 세계가 된다. 주관적이기 때문에 다른 사람은 그 세계를 알 수가 없고, 내용이 기이하다면 이해받는 것은 더 어려워진다.

　망상으로 구축된 가상세계는 실재하지는 않지만, 그로 인한 감정을 남긴다. 우리가 하는 일은 망상 내용의 진위를 따지는 것이 아니라 그것 때문에 생긴 감정을 알아봐주는 것이다. 누군가 자신을 음해하려고 집안 곳곳에 도청장치와 카메라를 설치했다고 생각하는 사람은 사실 여부와 관계없이 두려움을 느낀다. 감정은 생각만으로도 일어나기 때문에 그 두려움은 진짜이다. 망상의 내용은 공감할 수 없지만, 망상으로 인한 감정은 공감할 수 있지 않을까.

　"Descent into a state of 'Reverie', 환상 속으로 뛰어 들어가라!" 정신분석가 윌프레드 비온의 말이다. 그는 혼란스럽고 정제되지 않은 조현병 환자에게는 정신분석치료가 가능하지 않다던 당시의 주류 견해를 깨고 과감히 조현병 환자와의 정신분석치료를 시작했다. 아마도 비온은 그 안에 들어가서 그와 같이 호흡해야 그 사람의 진짜 이야기를 듣게 될 수 있다고 생각한 것 같다. 그런데 그것이 어찌 조현병에 걸린 사람과의 대화에서만 해당되는 것이겠는가.

어떤 방어기제를 쓰시나요?

더운 여름날, 포도밭을 지나던 여우는 향긋한 포도 냄새를 맡고 그 포도를 먹기 위해 안간힘을 씁니다. 깨금발을 지고 팔을 뻗어보고, 점프해봐도 포도를 딸 수 없자 여우는 가던 길로 돌아가면서 이렇게 말합니다. "흥! 저 포도는 시큼해서 못 먹을 거야!"

이솝우화 <여우와 신포도>의 내용입니다. 여우의 솔직한 마음을 추정해보자면 포도를 너무 먹고 싶은데 키가 닿지 않아 못 먹는 것이 속상할 것 같습니다. 그런데 그 속상한 마음과 키가 닿지 않는 현실을 인정하고 싶지 않은 여우는 합리화를 합니다. 어차피 포도는 시큼해서 못 먹을 거라고요. 합리화를 방패 삼아 속상한 마음을 들키지 않고, 위안도 받을 수 있게 되는 것이지요.

방어기제는 상황에 적응하거나 스트레스 상태에서 벗어나는 데 도움을 주기도 합니다. 자존감을 지켜주는 데도 방어기제의 역할이 큽니다. 어떤 상황에서 어느 방어기제를 사용하느냐에 따라 순기능이 되기도, 역기능이 되기도 합니다. 사람들이 많이 사용하는 방어기제 몇 가지를 소개해봅니다.

- **투사 : "그 사람이 나를 미워하니까 나도 그 사람을 미워하는 거야!"**
  투사는 스스로 받아들일 수 없는 내면의 문제나 감정이 외부(상대방)에 있다고 생각하는 것입니다. 사실은 자신이 그를 미워하는 것인데 그런 자신을 용납할 수 없을 때 그가 나를 미워한다고 생각하는 것이지요. '남 탓'과 비슷하다고 볼 수 있습니다.

- **부정 : "이게 진짜일 리 없어."**
  위험한 상황이나 실재하는 일을 아니라고 주장하는 것입니다. 불편한 상황이나 감정을 피하고, 편안함을 지속하고 싶은 마음이 부정을 하게 합니다.

- **반동형성 : "미운 놈 떡 하나 더 준다."**
  받아들일 수 없는 감정이나 충동이 있을 때 그것과 반대로 행동하게 되는 것입니다. 실제로는 밉지만 미워하는 감정을 받아들일 수 없을 때 더 예의를 갖추어 대하는 것입니다.

- **자신에게 향함 : "이런 생각을 하다니 나는 나쁜 사람입니다."**
  부모나 가족과 같이 사랑하는 사람에 대한 공격적인 충동이 일어날 때 그 공격성을 자기에게로 돌려 스스로를 해치는 것입니다. 우울증의 이유 중 하나로 설명되기도 합니다.

- **취소 : "아무 일도 일어나지 않았어."**

  이미 일어난 일과 그로 인한 피해가 있는데 그 일이 일어나기 전의 상태로 돌이키고자 하는 것입니다. 이미 일어난 일(또는 생각이나 감정)을 지우기 위해 강박적인 행동을 하기도 합니다.

- **유머 : "으하하하! 더 크게 웃는 거야!"**

  자신과 타인이 불편하거나 불쾌하지 않게 감정과 생각을 재미있게 표현하는 것입니다. 너무 힘든 감정을 덜어내기에 좋은 기제입니다.

- **신체화 : "나는 분명히 여기가 너무 아픈데 왜 이상이 없다는 거죠?"**

  불편한 감정이나 생각이 해소되지 못할 때 몸으로 표현되는 것입니다. 검사를 받아보면 별다른 이상이 없는데도 몸에 통증을 느끼게 됩니다.

- **승화 : "이 작품은 인간 내면의 욕구를 색감으로 잘 표현했습니다."**

  받아들이기 힘든 충동이나 욕구를 건강한 방법으로 표현한 것입니다. 승화의 방법으로 예술, 문학, 운동, 종교 활동 등이 있습니다.

마음의 조율
조현병에 대하여

⟩ 따뜻한 시선을 바라는 것은 아닙니다. 냉정한 시선은
⟩ 병보다 오히려 더 아픕니다. 36.5°, 보통의 온도면 충분합니다.

무언가 뜨거운 것이 내 안에 차오르는 것 같았다. 단전 깊숙한 곳에서부터 뭉글뭉글 뭉쳐지더니 밀려 오기 시작했다. 이 덩어리는 구르듯 목구멍을 타고 올라와 내 뒷덜미를 뜨겁게 달궜다. 얼굴이 타오르는 것 같았다. 심장은 튀어 나갈듯 강하게 쾅쾅거렸다. 내 뒷덜미를 달구고 있던 이 뜨거운 것이 풍선처럼 부풀더니 내 머릿속을 꽉 채워버렸다. 갑자기 시간이 멈춘 것처럼 소리도, 물체도 흐릿해졌다. 정신이 있는 듯 없었고 모든 게 이상해 보였다.

조현병의 시작은 혼란 그 자체이다. 익숙하던 모든 것들이 낯설어지고, 자신의 말을 듣는 사람도 없는 것 같고, 이해해주는 사람도 없는 것 같다. 감정이 예민해지고, 불안정하게 느껴진다. 자신이 맞다 하는 것은 틀렸다 하고, 아니라 하는 것은 맞다 하는 이상한 세계에 빠진 느낌이다. 사람들이 수군거리며 욕하는 소리가 생생히 들리는데 다른 사람들은 들리지 않는다고 하니 답답하다.

조현병이 발병할 때 느낌은 사람마다 다른데 내가 만난 분들에게서 비슷하게 표현된 이야기를 정리해보았다. 직접 느껴보지 못한 나는 그저 이야기를 들으며 그 혼란스러움을 짐작밖에 할 수 없는데, 사실 짐작하려 해도 고통 앞에서 공감이란 말을 함부로 할 수 없었다.

조현병은 마음의 상처, 심리적 외상이 생각과 감각에 무작위로 영향을 주는 것으로 보인다. 반응하는 방식에 따라 증상의 형태가 달라질 뿐 상한 마음은 같다. 모든 일을 내 탓으로 여기며 자책하거나, 더는 상처받고 싶지 않아서 공격하거나.

이때 나타나는 증상이 환각과 망상이다. 없어야 할 것들이 있는 것, 실재하지 않는 것을 보고 듣고 느끼고 생각하게 되는 것이, 이 병의 아주 고약한 증상이다.

그리고 또 한 부류의 증상이 있다. 그 증상은 있어야 할 것들이 사라져가는 것이다.

🌿 사라져가는 것들

조현병은 우리 인생의 참 많은 것들을 잃게 한다. 공부할 시간, 친구와의 즐거운 어울림, 가족간의 대화, 직장생활의 경험, 연애, 젊음. 그래서 일상적이고 평범한 것들이 간절해진다. 이 모든 일들이 감정을 느낄 수 있고, 의욕과 기력이 있을 때 가능하다는 것을 전에는 알지 못했다.

사라져가는 감정표현

이 병에 걸리면 감정이 무뎌지거나 표현이 줄어들게 된다. 딱히 즐겁거나 슬프지 않은 감정 상태로 지내게 된다. 사람마다 정도의 차이는 있지만 즐거움을 못 느끼는 상태나 자신과 주변 모두에 관심이 없어지는 무감동 상태가 되기도 한다. 이들은 대체로 시종일관 무표정일 때가 많다.

늘 무표정에 웃음기가 없는 중년의 남성분이 있었다. 좀처럼 웃지 않는 무표정한 그분도 웃을 때가 있는지 궁금했다. 그래서 여쭤봤다.

"선생님도 개그프로그램 같은 거 보세요?"
"식구들이 보면 그냥 보죠."

"그런 거 보면 웃기도 하세요?"

"별로 재미가 없어요."

"가족들은 웃어도 선생님은 안 웃으시는 거예요? 혹시 선생님은 어떤 때 웃으세요?"

"왜 그러시는데요?"

"선생님도 웃으실 때가 있는지 궁금해서요. 언제 웃으시나 궁금했어요."

"허~참!(피식 웃음)"

나에게는 좀 까부는 성격이 있다. 말수가 적은 분에게는 곧잘 까불며 말을 건네는 편이다.

내가 장난스럽게 말하는 모습이 우스웠는지 그분은 아주 짧게 웃음을 보이셨다. 처한 여건에 따라 또는 정신질환의 증상으로 감정표현이 줄어들 수는 있지만 완전하게 없어지는 것은 아닌 것 같다. 피식 웃음도 웃음이니까.

사라져가는 의욕

요즘은 의욕상실의 시대를 살아가는 기분이다. 의욕을 상실해가는 20~30대가 뉴스의 단골 소재가 된 건 이미 오래다. 이런 사회에서 병을 안고 있는 사람들은 한 걸음 뒤로 밀리게 된다. 아니,

몇 걸음인지도 모르겠다. 병의 증상으로 의욕을 잃어가는데 시대상이 그 진행속도를 빠르게 한다. 일할 의욕도, 사람을 만날 의욕도, 집 밖을 나설 의욕도, 씻을 의욕도 없다. 우리가 잃어버린 것은 의욕과 의지만이 아니다. 사람을 만날 용기, 사회에 나갈 자신감도 함께 사라져간다. 이러한 모습을 사람들은 게으르거나 의지가 약하다고 말한다. 하지만 게으르고 싶거나 의지를 갖고 싶지 않아서 그런 것이 아니다.

'사람들이, 이 사회가 조현병에 걸린 나를 받아줄까? 나를 어떤 시선으로 볼까?'

자신에 대한 믿음이 있을 때 우리는 매사에 의욕을 갖고 무언가에 적극적으로 도전하게 된다. 이때 정신기능은 중추적인 역할을 한다. 계획하고, 판단하고, 실행하는 모든 일들은 뇌에서 시작되기 때문이다.

그런데 정신기능에 이상이 생기면 이것이 어려워진다. 정신질환은 뇌 속 신경전달물질의 불균형으로 생기는 뇌의 질환이다. 이런 불균형 상태에 놓인 사람에게 의욕을 갖고 살라는 말은, 넘어져 다리가 부러진 사람에게 힘을 내 걸으라는 말과 같다.

사라져가는 나와 타인에 대한 관심

신체활동이 줄어들고, 자기돌봄에 소홀해지면서 건강과 영양 상태가 나빠진다. 의욕이 줄면서 생활반경이 좁아지고, 기력도 약해지게 된다. 의욕이 없는 사람에게 기력이 넘치는 모습은 보기 어렵다. 몸과 마음은 함께 가기 때문이다. 이를 증명이라도 하듯이 오랜 기간 정신질환을 앓은 사람에게서 움츠린 자세를 자주 보게 된다. 마치 심리적 위축감이 몸으로 표현된 것처럼 말이다.

자신과 타인 모두에게 관심이 줄어들면서 주변상황에 무심해지고 누가 뭐라 해도 그다지 반응하지 않게 된다. 여기에 뇌 속 신경전달물질의 영향이 더해져 주의력이 떨어지고, 생각의 속도도 느려진다. 경우에 따라선 아주 많이 느려지기도 하는데 질문에 답을 듣기까지 긴 시간이 걸리기도 하고, 때론 듣지 못하기도 한다. 생각이 잘 떠오르지 않기 때문이다.

무표정한 얼굴에 생각의 속도와 행동이 느려지고, 말수와 감정표현도 줄어드는 현상을 음성증상이라고 한다. 있어야 할 것들이 없는 것이다. 음성증상이 두드러지면 치료의 예후가 좋지 못하다는 견해가 많다. 하지만 나는 경험을 통해 음성증상이 있어도 한 회사에서 장기근속사원으로 일할 수 있고, 신뢰가 오래도록 쌓이면 음성증상자도 감정을 말로 표현한다는 것을 알게 됐다. 나는 오늘도 이들과 함께 하루를 보냈다.

🌿 진주가 귀한 이유를 삶에서 알게 되다 ⁓⁓

우리는 곧잘 병이 있으면 인생이 힘들고, 괴로울 거라고 단정한다. 물론 그렇기도 하다. 병이 삶의 질을 떨어뜨리는 것은 분명하다. 하지만 혹독한 병의 경과를 거치는 동안 내면의 상처를 치유해가며 자신의 진가를 찾아가는 사람도 있다.

S씨는 자신이 내성적이고 자기주장을 못해서 조현병에 걸린 것으로 생각해왔다. 스스로를 자기주장 한번 못하고 산, 별 볼 일 없는 사람이라고 여겼다. 그런데 재활과정에서 자기표현의 방법을 배우고, 연습하면서 자신도 의견을 말할 수 있게 되어 좋았다고 말했다. 그는 병에 걸린 것은 싫지만 병 덕분에 전보다 성격이 밝아지고 자기표현도 하게 되어 감사하게 생각한다고 했다.

조현병 없이 자기표현의 방법을 배울 수 있었다면 얼마나 좋았을까. 잠재된 자신의 다른 면모와 만나기 위해 지불한 대가가 너무 컸다. 하지만 병에 머물러 있지 않고 회복의 길을 걷는 것과 그 길에서 자기 모습의 진가를 찾는 일은 쉽게 얻을 수 없는 지혜임에 틀림이 없다.

조현병의 아픈 역사

조현병은 과거 정신분열증으로 불린 병의 새로운 이름입니다. 마치 치매처럼 느끼고, 생각하고, 말하고, 행동한다고 해서 가성치매pseudo-dementia로도 불렸던 이 병은, 아시아권에서 영문Schizophrenia(schizo분열된 phrenia정신)을 그대로 번역해 정신분열증으로 불렸습니다. 이 용어를 앞서 바꾼 건 일본입니다. 정신분열이라는 표현이 거칠고 낙인감도 큰 데다 병을 앓고 있는 사람을 제한적으로 보게 했기 때문입니다. 그렇게 바꾼 이름은 '통합실조증'입니다.

우리나라에서 선택한 이름인 조현병은, 병을 은유적으로 표현한 것입니다. 현악기의 아름다운 선율이 잘 조율된 현에서 나오듯 인간의 정신기능도 인지, 감정, 지각, 행동의 현이 잘 조율될 때 건강한 삶을 살아갈 수 있음을 뜻합니다. 조현병은 이 현들에 문제가 생긴 것으로 다시 잘 조율하면 충분히 아름다운 인생을 살아갈 수 있다는 것을 의미하기도 합니다.

이 병이 어떤 이름으로 불리는지는 사실 크게 중요하지 않습니다. 중요한 건 이 병이 어떻게 인식되고 받아들여질 수 있는가에 있습니다.

1. 외양간 옆 우리에 갇혀 지내야 했던 사람
2. 밖에서 문을 걸어 잠근 건물에서 발목에 사슬이 매인 채 살아야 했던 사람
3. 죄가 없는데도 화형을 당해야 했던 사람
4. 30년 동안 정신병원에 갇혀 생을 마감해야 했던 천재 조각가
5. 외딴 섬에 갇혀 강제 노역과 폭행을 당하면서 소리 없이 죽어간 사람

이들의 공통점은 조현병에 걸렸다는 것입니다. 그리고 또 하나의 공통점이 '갇혔다'입니다.

1번은 일제강점기에 우리나라에 적용된 일본의 정신보건제도인 가택감치에 의한 것으로 조현병 환자가 있는 집에서는 그를 우리에 가두어 관리하라는 제도였습니다. 2번은 18세기 서양의 정신병원 모습입니다. 정신질환을 병으로 인식하기는 했지만 치료보다는 격리의 대상으로만 여겼던 때입니다. 3번은 중세시대의 일입니다. 조현병에 걸린 사람을 마녀로 여겨 공개화형을 했다고 합니다. 조선시대에도 귀신이 들렸다 해서 외딴곳에 가두거나 굿을 하기도 했습니다. 4번은 카미유 클로델이라는 천재조각가의 이야기입니다. 로댕의 애제자이기도 했던 그녀는 조현병에 걸렸다는 이유로

정신병원에 감금되어 생을 마감하는 순간까지 그곳을 나올 수 없었습니다. 5번은 1997년 대한민국에서 일어난 일입니다.

사람을 가두고, 묶고, 화형하고, 폭행했던 모든 일이 조현병에 걸렸다는 이유로 허용되었던 역사가 있습니다. 그 역사는 인류의 역사이고, 우리의 역사이기도 합니다. 역사 속에서 조현병에 걸린 사람은 격리되거나 비난받아도 되는 대상으로 여겨져왔기 때문일까요? 이 병처럼 편견과 오해와 선입견이 많은 병을 저는 아직 보지 못했습니다.

혹시 막상 부딪혀보니 별것 아니었는데 그 전까지는 실체를 알 수 없어 막연한 두려움을 느껴본 적이 있으실까요? 아마도 그건 가까이 서면 볼 수 있지만, 멀리 서면 실체를 알기 어려운 까닭이지 않을까 합니다.

상한 마음을 안고 살아가는 사람들
다르게 보고 다시 보는 정신질환

> 나의 직장은 곧 그들의 직장이고, 회복의 공간이며, 아침에 일어나
> 갈 곳이 된다. 아침에 일어나 갈 곳이 있다는 것, 그 의미는 생각보다 크다.

아침 8시. 4층 엘리베이터 문이 열리면 나를 기다리고 있는 분들이 있다. 그들은 직원보다도 일찍 출근해 직원과 함께 출근카드를 찍는다. 매일 만나지만 별일 없이 다시 만난 오늘이 반가운 사람들과 하루를 시작한다. 매일의 안부를 묻는 것은 우리의 일상이다. 어제 저녁의 메뉴부터 외롭고 쓸쓸한 인생 이야기까지 장르가 다양하다. 대화하고, 위로하며, 인생길을 함께 걷는 나의 도반들은 정신질환을 앓고 있다.

🌿 정신질환만큼 편견이 많은 병이 있을까? ～

정신질환이라는 단어는 신기한 구석이 있다. 자주 들어 익숙해질 법도 한데 왠지 모를 낯설음이 있다. 주변을 둘러보면 사돈의 팔촌 안에 정신질환을 앓고 있는 사람이 한 명 정도는 있다고 하는데 남의 일 같기만 하다. 때론 낯선 채로 나에게 다가오지 않기를 바라기도 한다. 그건 아마도 정신질환이 받는 오해와 편견 때문일 것이다.

정신질환이 발병하기까지의 사연은 사람마다 다르지만, 정신질환으로 인한 마음의 상처는 비슷하다. 노력해야만 증상을 이해할 수 있는 병이 과연 얼마나 될까? 신체질환은 증상 여부를 확인하면 그만이다. 증상을 이해하려고 노력하지는 않아도 된다. 그건 연구자의 몫이다. 하지만 정신질환은 증상을 이해하기도 어렵고, 병을 인정하기도 어렵다. 예측할 수 없거나 당황스러운 일들이 증상으로 나타나기 때문이다.

그래서 당사자는 물론, 가족과 주변 사람들에게 증상을 이해하기 위한 노력이 필요해진다. 이런 노력이 없으면 외부로 표현되는 증상은 그저 이해되지 않는 행동으로만 보인다.

혼잣말을 중얼거리는 사람, 마치 춤을 추듯이 걷는 사람, 혼자서 누군가와 대화를 하는 사람, 얼굴 표정과 몸의 움직임이 거의 없는 사람, 언뜻 듣기에도 희한하다 싶은 말을 하는 사람. 길에서, 버스에서 혹은 지하철에서 이런 사람을 만났다면 과연 어떤 생각이 떠오를까?

여담이지만 내 동생은 그럴 때 제일 먼저 내가 떠오른다고 한다. 대개 사람들은 그 사람을 좀 이상하다고 생각한다. 어딘가 불편하거나 조금 다른 사람으로 이해될 때도 있다. 무언가 다른 모습을 부드럽게 대하는 사람은 드문 것 같다. 익숙하지 않은 생경한 모습이 낯설거나 왠지 거부감이 들어서일 테다. 그래서인지 그 사람들을 경계하거나 일정한 거리를 두려 하는데 그 경계와 거리가 너무도 잘 전해진다.

다소 과격한 사람들은 정신질환을 앓는 사람을 사회에 어울릴 수 없는 비정상적인 존재로 치부하기도 한다. 최근 개선되고는 있지만, 한때는 이해하기 어려운 말과 행동을 하는 사람을 비하해 '정신병자'라는 표현이 쓰이고, '약 먹을 시간이 됐다'는 말을 하기도 했다. 정신질환이 어떤 의미로 해석되고 있는지를 보여주는 단적인 예다. 정신질환을 앓는 사람만이 이해하기 어려운 말과 행동을 하는 것은 분명히 아닌데도 말이다.

거침없이 표현되는 병에 대한 평가는 사람의 마음을 더욱 웅크리게 만든다. 많은 정신장애인이 병과의 사투로 고생하면서 오해와 편견으로 소외까지 느끼는 이중고를 겪고 있다.

알고 보면, 다르게 보면, 다르지 않다 ~~~~~~

　정신질환은 뇌에 생기는 병이다. 고차원적인 일을 하는 정신기능에 병이 생기다 보니 일순간에 인생이 달라진다. 그런데 왜 뇌에 병이 생기는 걸까? 그 원인을 콕 집어 하나로 설명하기는 어렵다. 원인이 되는 여러 요인이 있는데 각각의 요인들을 두루 살펴봐야 한다. 넓고 깊게 볼 때 정신질환을 더 잘 이해할 수 있기 때문이다.

　정신질환은 크게 유전적 요인, 생물학적(생화학적) 요인, 사회문화적 요인, 심리·정서적 요인으로 설명된다. 정신질환이 있는 부모에게서 태어난 아이가 그렇지 않은 아이에 비해 정신질환에 걸릴 확률이 상대적으로 높다는 유전적 요인은, 부모로부터 DNA를 물려받는 사람에게 자연스러운 현상이다.

　생물학적 요인은 가장 보편적으로 정신질환을 설명한다. 뇌 속 신경전달물질의 불균형으로 사고, 감정, 지각과 같은 주요한 기능에 장애가 생기는 것이다. 사람들에게 많이 알려진 세로토닌과 도파민이 조울증, 우울증, 조현병에 관련하는 대표적인 신경전달물질이다. 생물학적 요인에 대한 이해는 정신질환이 약물치료로 호전될 수 있다는 것도 함께 설명해주고 있다.

　사회문화적 요인과 심리·정서적 요인은 개인을 둘러싼 환경과 그 안에서 일어나는 심리·정서적 반응이 정신건강에 영향을 준다는 견해이다. 어떤 사건이나 상황, 환경에서 생긴 부정적인 심리·정서적 경험이 발병의 요인이 될 수 있다는 것이다.

원인을 알아보았으니, 원인에 따라 자신이 할 수 있는 대처도 알아보자.

유전적 요인은 자식이 부모를 선택할 수 없으니 어쩔 수가 없다. 생물학적 요인은 전문의와 만나 약물치료를 받으면 크게 호전될 수 있다. 사회문화적 요인은 자라온 환경과 그 속의 문화를 바꾸는 일이니 쉽지가 않다. 학습된 삶의 방식과 태도가 생각보다 깊게 배어 있고, 그 문화를 유지해가고 있는 사람들이 있을 수 있기 때문이다. 하지만 그걸 인식하고 달라지고자 한다면 더디지만 그래도 어쩔 수 없는 일만은 아니다. 절이 싫으면 중이 떠나란 말로 부연설명이 될 수 있을까.

나에게 불편한 환경이라면 그것을 인식한 때에 박차고 일어날 용기가 필요하다. 심리·정서적 요인은, 상황과 환경에 반응하는 감정이다. 감정을 다루는 일도 쉽지는 않지만 어찌해볼 만은 하다. 직접 느끼고, 훈련하기에 따라 관리도 할 수 있다. 바로 이 지점이 나와 나의 도반들이 고민하고, 노력하며, 훈련하는 영역이다.

정신질환은 선천적 질환이 아니다. 물론 기질적으로 정신질환에 취약한 사람도 있지만 이를 선천적이라고 보기는 어렵다. 정신질환이 선천적 질환이 아니란 것은 두 가지 의미를 갖는다. 하나는 누구도 예외일 수 없다는 것이고, 또 다른 하나는 재활이 필요하다는 것이다. 다친 몸을 회복하기 위해 재활훈련을 하듯이 상한 마음을 회복하기 위해서도 다음과 같은 마음의 재활훈련이 필요하다.

- 마음을 어지럽히는 생각을 멈추는 훈련
- 합리적이고 논리적인 생각을 위한 훈련
- 불안감을 줄여가는 훈련
- 현실과 병의 증상을 구별하는 훈련
- 직장을 구하고, 일을 유지하기 위한 훈련
- 사람과 대화하고 적절히 내 생각과 마음을 표현하는 훈련
- 나의 마음(감정)을 알아가는 훈련

아직 정신질환이 없는 나는 현실과 증상을 구별하는 훈련에서만 열외다. 사람 사는 일이 비슷하다고 하던데, 그래서인지 그들의 고민거리나 나의 고민거리가 그리 다르지 않다. 훈련은 되풀이해서 익히는 것이다. 반복이 핵심이다. 한 번 해서 된다면 뭐가 걱정이겠는가.

마음을 어지럽히는 생각과 불안한 마음은 불쑥 들어와버리는

데 훈련되지 않으면 그 생각과 감정에 끌려 다닐 수밖에 없다. 그러니 계속 마음을 살피고, 생각을 바꾸고, 말로 표현하는 방법을 반복하며 익혀야 한다.

꾸준한 훈련만이 수시로 드나드는 번민으로부터 자신을 지켜낼 수 있다. 자기를 지켜낸다는 건 마음을 뒤흔드는 괴로움이 느껴질 때 자신에게 도움이 되지 않는 일을 하지 않는 것부터 시작한다. 그 수준이 높아지면 번민과 괴로움이 예상되는 일을 피하게 된다. 굳이 자신을 시험에 들게 할 필요는 없다고 생각한다.

우리는 상한 마음을 안고 살아가는 법을 배워가고 있다. 수시로 느껴지는 번민을 버텨내는 법, 환청에 지배되지 않는 법, 사람들과 어울리는 법, 직장생활을 하는 법, 정신질환을 안고 살아가는 법, 이것이 우리가 배우고자 하는 것이다. 이를 알려주는 스승은 우리가 살아낸 오늘 하루다.

편견에 대하여

제가 일하는 곳에는 실습을 위해 대학생들이 자주 찾아옵니다. 그중 매년 하루 견학을 오는 학생들이 있습니다. 관련학과 학생은 아니지만 하루 동안 정신재활시설을 경험하고, 이해하는 과정으로 해마다 30여 명의 학생이 다녀갑니다. 학생들이 일과를 마치고 소감을 나눌 때면, 해가 바뀌어도 늘 듣게 되는 피드백이 있습니다. "정신질환을 다시 생각하게 됐어요." 그 어떤 말보다도 반가운 피드백입니다.

정신질환에 대한 뉴스를 접할 때면 가슴이 두근댑니다. 포털사이트 실시간 검색어에 '조현병'이 올라오면 무슨 일인가 싶어 클릭을 망설이기도 합니다. 일부가 전부로 오해받는 일반화의 오류라는 것을 알면서도 냉기 어린 시선과 비수 같은 말들은 언제나 속상합니다. 그런데 제게는 속상함인 뉴스가 정신질환을 잘 모르는 사람들에게는 두려움이 되는 것 같습니다.

제게는 속상함이고, 모르는 분들에게는 두려움이 되는 뉴스는 대개 범죄에 관한 것입니다. 제가 속상함을 느끼는 이유는 그런 뉴스 후에 정신질환에 대해 오해를 하게 되기 때문입니다. 그러한 범죄는 모든 정신질환 경험자의 이야기가 아닙니다.

정신질환을 앓는 사람이 범죄를 저지르면 이슈가 됩니다. 그의 병력부터 과거력까지 낱낱이 드러나기도 하고요. 만인의 공분을 살 범죄라면 그 사람과 함께 정신질환도 핫이슈가 되어버립니다. 정신질환과 범죄가 서로 연결되고, 정신질환 경험자와 범죄자가 연결되기도 합니다. 범죄를 저지른 건 특정 개인인데, 정신질환을 앓는다는 이유로 정신질환자가 저지른 범죄로 표현되기도 합니다.

그런데 범죄자들이 앓는 병이 정신질환뿐일까요? 어떤 사람은 당뇨가 있을 수도 있고, 어떤 사람은 고혈압이 있을 수도 있지 않을까요? 하지만 '당뇨환자가 저지른 범죄'라든가 '심장질환자가 저지른 범죄'라는 제목의 기사는 본 일이 없습니다. 그가 언제부터 당뇨를 앓았는지, 심장질환 치료는 얼마나 받았는지는 당연히 취재도 하지 않겠지요.

개인사에 정신질환이 얽힌 것이지, 정신질환이 범죄와 연결된 것은 아닙니다. 경찰청의 통계만 봐도 정신질환을 앓은 사람의 범죄율이 정신질환이 없는 사람의 범죄율에 비해 현저히 낮습니다.

―――――――

일반적으로 잘 알려진 질환의 예로 당뇨, 고혈압, 심장질환을 든 것뿐입니다. 관련 질환을 앓고 계신 분들께 양해의 말씀을 드립니다.

감정의 병
알코올 중독의 또 다른 이름

> 수십 번의 좌절을 겪고, 수백 번의 부끄러움을 느끼고, 수천 번의
> 망설임을 거친 뒤에야 할 수 있게 되는 말. "나는 알코올 중독자입니다."

Here & Now! 지금-여기에, 다른 말로 하면 '현존'이겠다. 현존은 지금의 순간을 사는 것을 말한다.

과거에 연연하지 말고, 미래에 조급하지 않으며 지금 이 순간을 느끼며 사는 삶. 그런데 이것이 말처럼 쉽지가 않다. 진리라는 것이 개념은 단순한데, 따르기는 어려운 것처럼 현존도 그렇다. 과거의 아쉬움과 미래에 대한 걱정이 수시로 나의 오늘을 침범하기 때문이다. 지독한 정신건강 문제를 겪은 사람이라면, 잃어버린 시간이 많기에 현존이 더 어렵기도 하다.

🌿 잃어버린 시간 〰〰〰〰〰〰〰〰〰〰

이들만큼 현존이 어려운 사람이 있을까? 알코올에 중독된 사람들 이야기다.

중독은 시간을 진공상태로 만들어 하루를 일 년같이, 일 년을 하루같이 만들어버린다. 그래서 중독자는 그날이 그날인 일 년을, 삼 년을, 십 년을 보내게 된다. 중독에 빠져들수록 하루하루는 더 단조로워지고, 시간은 빛처럼 흘러간다. 그러는 동안 해야 할 일도, 할 수 있는 일도, 설 자리도 잃어간다.

막 단주를 시작한 H씨는 허탈한 목소리로 정신 차리고 보니 유치원 다니던 딸이 대학생이 되어 있었다며 딸아이의 초중고가 기억나지 않는다고 했다. 도대체 그 시간은 어디로 간 건지, 자신이 어떤 인생을 살아온 건지 한숨만 나온다는 H씨의 이야기는 그만의 이야기가 아니다.

중독은 마치 끝을 알 수 없는 길고 긴 터널 같다. 포기하지 않고 어렵사리 통과해보면 너무 많은 시간이 흘렀거나, 터널 안에서는 보이지 않았던 일들이 산적해 있다.

할 수 있는 일이 하나도 없는 것 같고, 모습은 한없이 초라해 다시 터널로 들어가버리고 싶은 마음이 절실해진다. 이 상태에서 지금-현재를 보면서 산다는 건 술로 엉망진창이 된 자신의 모습을 전신거울에 비춰보는 것과 같다. 보고 싶지도, 인정하고 싶지도 않은 것이 어쩌면 당연할지 모른다.

그래서일까, 알코올 중독자들 중에는 과거와 미래에 매달려 사는 사람이 적지 않다.

"내가 왕년에는~, 내가 마음만 먹으면 얼마든지~."

현재 진행형으로 말하지 못하는 사람의 마음을 헤아린다면 그들의 이야기가 마냥 허세나 현실감 없는 말처럼만 들리지는 않을 것 같다.

𝒮 어디에서 멈춰야 하나? ⌇⌇⌇⌇⌇⌇⌇⌇⌇

중독은 인간을 처참한 상황으로 끌고 가는 매우 지독한 병임에도 불구하고 병으로 잘 인정받지 못한다. 동정이나 이해도 마찬가지다. 자기 돈 들여 술을 사고 마신 것이니 결국 자기가 선택한 일이고, 그에 따른 책임도 마땅히 져야 한다고 보는 시선이 많다.

여기서 본인이 책임을 져야 하는 점은 맞다. 중독문제로 벌어진 일에 책임을 감당하는 것은 문제를 직면하는 가장 효과적인 방법이 된다. 책임을 지는 것 자체가 치료의 시작점을 앞당길 수 있기에 반드시 필요하다.

그런데 선택은 생각해볼 필요가 있다. 세상 어느 누가 시간과 에너지를 투자하면서까지 자신의 인생을 의도적으로 최악의 처참한 상황으로 끌고 가려 하겠는가.

중독에 빠진 사람들은 중독으로 정신이 황폐화되고 육신이 망가져가도 멈출 수가 없다. 누구보다 자기 상태를 잘 알기에 더 빠져들어서는 안 된다는 걸 알지만 멈추지 못한다. 스스로 조절할 수 있는 힘을 잃었기 때문이다.

상담실을 찾은 대부분의 사람들은 자신의 중독문제를 어느 정도는 알지만 심각하게 여기고 싶어 하지 않았다. 심각하지 않아서가 아니라 심각하지 않기를 바라는 일종의 소망이다. 그럼에도 문제를 부정할 수 없을 때는 마음만 먹으면 얼마든지 조절할 수 있다고 말한다. 최대한 자신의 문제를 축소하고 감추려는 마음은 본능적인 것 같다.

하지만 가리려 해도 가려지지 않는 것이 중독이다. 가족과 부딪치고, 돈에 쫓긴다. 주변 사람들과 관계가 틀어지고, 직장도 잃게 된다. 빚에 허덕이게 되거나 탁한 정신에서 여러 가지 사고들도 일어난다. 그렇게 점점 집에서, 사회에서, 세상에서 고립되어 간다.

고립의 순간에도 함께하는 것이 술이다 보니 그조차 없는 삶이란 죽으란 것과 같이 느껴지는 아이러니한 상황도 전개된다. 이렇게 모든 것을 잃은 위태로운 상태를 '바닥Bottom'이라고 표현한다.

그리고 여기에서 치고 올라오는 과정을 '바닥치기Bottom up'라고 하는데 여기에 또 하나의 아이러니가 있다. 이 바닥을 치는 최악의 상태가 회복의 동기가 된다는 것이다. 바닥을 칠 때 중독문제가 또렷이 보이고, 그런 다음에야 끊어낼 마음을 먹게 되기 때문이다.

우리는 진지하게 질문해야 한다. '여기서 얼마나 더 많은 것을 잃어야 하시겠습니까?'

어디든 찾아가야 한다

조절력을 상실한 사람의 최선의 선택은 조절을 시도하지 않는 것이다. 중독문제를 상담하고 치료하는 여러 기관과 자조모임이 있다. 중요한 건 어디든 가야 한다는 것이다. 중독으로 고생하는 사람에게 우리가 해줄 수 있는 가장 큰 일은 중독에서 벗어난 사람을 만나게 해주는 일이라고 생각한다.

사람은 보아야 믿는다. 경험한 사람의 이야기만큼 신뢰를 주는 것도 없다. 그리고 나는 무엇보다 사람을 움직이는 가장 큰 힘은 희망이라고 생각한다. 술을 끊고 살아가는 사람이 있고, 그런 사람을 만나는 일은 희망이 될 수 있다. 나도 달라질 수 있다는 희망!

알코올 중독자를 위한 가장 대표적인 자조모임은 A.A.(익명의 알코올 중독자 모임)이다. 1930년대에 미국에서 시작된 이 모임은 전 세계로 확장되었고, 지금은 세계 어느 나라에서든 같은 이름과 같은 목적으로 모임이 이루어지고 있다. 이들은 익명으로 만나 중독이라는 공통분모 위에서 이야기를 나누며 회복의 실마리를 찾아간다.

술을 조절하지 못해서 치료를 받고, 자조모임에 가야 한다는 사실을 받아들이는 일은 쉽지 않다. 앞서 말한 것처럼 본능적으로 그런 자신을 용납하기가 어렵다. 그래서 조절력을 키울 방법을 찾고, 절주(절제된 음주: 음주의 양과 빈도를 줄이는 것)를 시도하기도 한다. 그러나 이것은 중독의 본질을 모르는 것이다.

중독은 특정 물질 또는 행위에 절대적으로 압도된 상태이다. 속상하겠지만, 알코올에 중독이 되었다면 술에 대해서만큼은 조절해서 마실 힘을 잃었다고 봐야 한다. 중독의 첫 번째 특징은 '조절력 상실'이며, 조절능력의 상실은 곧 중독의 진단기준이 된다는 점을 기억할 필요가 있다.

자신의 조절력 여부를 확인하는 방법은, 그동안의 음주를 아주 정직하게 돌아보는 것이다. 나는 누구보다 본인이 가장 잘 알고 있다고 생각한다. 어쩌면 남들보다 더 일찍 알아차렸을지도 모른다. 다만 당황스러워 들키고 싶지 않은 마음이 문제를 감추고, 축소하려 한 것은 아닐지 모르겠다.

중독전문가인 남편은 조절력에 대한 강의를 할 때면 "조절력을 잃은 사람의 최선의 선택은 조절을 시도하지 않는 것이다"라고 힘주어 강조한다. 나는 남편의 설명에 깊이 공감한다. 알코올 중독에서 벗어나고 싶다면, 해야 할 일은 절제된 음주가 아니라 스스로 유혹에 빠지지 않게 주변을 경계하는 것이다. 스스로 자기를 시험에 들게 할 필요는 없지 않은가.

A.A.모임에는 12단계 회복프로그램이 있다. 나는 이 프로그램이 중독의 성질을 꿰뚫고 있다고 생각한다. 프로그램의 1단계는 '우리는 알코올에 무력했으며 스스로 삶을 수습할 수 없게 되었다'로 시작한다. 알코올에 무력했다는 점과 그로 인해 자신의 삶을 스스로 수습하기가 어려워졌다는 것을 인정하는 것이다. 이것이 될 때 그 다음 단계로 넘어간다.

나는 여기서 '알코올'에 무력했다는 점을 짚고 싶다. 인생 전체에 무력했다는 것이 아니라 알코올에 무력했다는 것이다. 알코올 외에는 유능함을 갖추었거나 갖출 수 있다는 점을 말한다고 생각한다. 알코올이 인생의 전부가 아니라면, 혹은 인생의 전부가 아니라는 것을 안다면 1단계를 통과하기가 조금은 수월할 것 같다.

12단계 프로그램에서 '알코올'은 1단계와 12단계에서만 언급된다. 2~11단계는 인격, 관계, 신뢰, 치유에 관한 내용이다. 이는 중독에서 회복되는 일이 단순히 술을 끊는 것만은 아니라는 것을 의미한다.

보이지 않는 것을 바라봐주기

알코올 중독자에게 가장 좋은 안주가 있습니다. 이 안주만 있다면 몇 병이고 거뜬합니다. 때로는 음주를 합리화하는 이유가 되기도 하는 이 안주는 바로 '자기 연민'입니다. 연민의 감정은 좋은 것인데 방향이 조금 틀어진 연민은 문제가 됩니다.

'다른 사람들은 잘 사는 것 같은데 나만 되는 일이 없다. 부모 복도, 배우자 복도 없는 것 같다. 번번이 실패하고, 배신당하기 일쑤인 삶을 살았다. 잘되는가 싶다가도 안 되고, 세상이 왜 이러나 싶을 만큼 견디기 힘든 일들만 내게 해일처럼 몰려온다. 내 인생이 불쌍하다.'

술 한 잔에 절망에 젖은 신음을 토해내고, 알 수 없는 마음을 내뱉기도 합니다. 가만히 신세 한탄을 듣다 보면 그 속에 안쓰러운 자기 연민이 담겨 있는 것이 보입니다. 다르게 살고 싶지만 안 되고, 몸과 마음은 축이나 무엇 하나 제대로 하기 힘든 상태인 자신을 보는 일이 어떤 기분일지 사실 저는 충분히 헤아리지 못하겠습니다. 어쩌면 남 탓하며 원망하는 것도 자신의 책임을 감당할 수 없어서인지도 모르겠습니다.

자기 연민은 자칫 자기 기만으로 바뀔 수 있기에 조심해야 하는 감정입니다. 내가 나를 측은히 여기는 연민과 나 자신을 속이는 기만은 분명히 다릅니다.

내 신세가 불쌍해서 술을 마시는 것인지, 술을 마시기 위해서 내 신세가 불쌍해야 하는 것인지를 정직한 마음으로 살필 때 연민과 기만을 구별해낼 수 있습니다. 솔직한 속마음을 남에게도 나에게도 감추려 하다 보면 내가 나에게 속는 일이 생기게 됩니다. 슬프면 슬프다, 좋으면 좋다, 힘들면 '나 괜찮지 않다'고 표현하는 것이 솔직해지는 방법입니다. 최소한 자신에게라도 말입니다.

중독의 핵심은 연민과 기만 사이를 오가며 마음을 들끓게 하는 무언가에 있습니다. 마음속 상처일 수도 있고, 결핍이나 집착 또는 강박과 같은 것일 수도 있습니다. 그 괴로움을 술을 마시지 않고는 견딜 수 없다는 생각이 들 때 술에 기대게 됩니다. 그 생각이 반복되면서 뇌도, 습관도 점차 술에 의존하게 됩니다. 괴로움을 잊기 위해 든 잔이, 마시지 않고는 버틸 수 없는 잔으로 바뀌게 되는 것입니다.

술이 자신의 들끓는 마음을 진정시켜준다고 말하는 사람이 있다면, 그에게 중요한 것은 술일까요? 들끓는 마음일까요?

술은 바다 위에 떠 있는 부표처럼 마음에 무언가가 있다는 것을 알려주는 상징과 같습니다. 관계, 일, 운동, 사랑, 약물, 도박, 게임도 부표가 될 수 있는데, 중요한 건 그 부표가 필요하게 된 이유에 있습니다. 그것이 해결된다면 더는 부표가 필요치 않게 되니까요. 치유의 대상은 눈에 띄는 부표가 아니라 그 속에 있는 무언가입니다. 눈에 잘 띄는 부표 말고, 그 속에 감춰진 무언가를 봐주는 것은 눈이 아닌 마음입니다.

3장

가족의 중심에 선
정신질환

그 삶의 무게에 대하여

가족이라서 느끼게 되는 책임의 무게,
가족이어서 감당하게 되는 슬픔의 무게,
가족이기에 포기하지 못하는 희망의 무게.
그 모든 것이 삶의 무게가 되었다.

나는 폭파범이 되고 싶었다
자녀 마음에 남겨진 중독의 흔적들

> 말문이 막히는 이야기의 당사자를 만났을 때는
> 같이 마음 아파하는 것 외엔 할 수 있는 말도, 일도 없던 때가 참 많다.

폭력적인 아버지 밑에서 자란 분들에게서 어머니를 지켜야 했다거나 지켜주지 못한 것에 대한 자책 어린 이야기를 들을 때가 있다. 이런 이야기는 알코올 중독이나 다른 정신질환을 앓는 사람들의 어린 시절에도 담겨 있었다.

기억 속의 생생함으로 마치 엊그제 일처럼 느껴져 되짚다 보면 나이만큼이나 오래된 일이었다는 게 새삼스럽기도 하다. 사무치게 한스러운 '기억 속의 내가' 사실은 누군가의 보호가 필요한 예닐곱 살에 불과했음을 알기에 슬픈 위로를 전한다.

🌱 부모의 다툼 앞에 선 아이들 ───────

10대 내담자

초등학교 4학년. 11세도 10대이니 10대라고 쓰기는 했지만 어쩐지 내 마음속 그 아이는 더 작았던 것 같다. 말하는 모습이 의젓해서 마음을 더 아프게 했던 아이다.

"선생님, 어떻게 하면 술을 안 마시고 살 수 있어요? 아빠가 매일 술을 드시는데 그때마다 엄마를 때려요. 엄마가 다치는 게 무섭고 싫어요. 저는 괜찮은데요, 엄마가…."

아이는 차분하고 진지한 어조로 물었다. 아빠가 엄마를 때리지 않게 할 수 있는 방법이 있냐고. 아빠가 엄마를 때릴 때 자기가 엄마를 감싸 안으면 때리지 않아서 지금은 그렇게 하고 있다고. 부끄럽지만 나는 그날 그 아이에게 무슨 말을 했는지 기억이 나지 않는다. 아니, 무슨 말을 해줘야 할지 몰랐던 것도 같다. 내가 그 아이에게 무슨 말을 할 수 있었을까.

나는 지금도 이 아이를 생각하면 마음이 아프다. 엄마를 감싸 안고 있을 아이의 모습이 떠올라서 가슴이 저리고, 너무나 담담했던 태도 때문에 슬프다.

자녀의 이중고

눈물을 흘리며 말하는 그 앞에서 아무 말도 하지 못했다. 마음이 무거워 가만히 듣고만 있었다.

"내가, 그런 생각을 했어요. 그런데 그 생각이 드니까 너무 무서운 거예요. 내가 진짜로 그렇게 할까봐…."

자신이 무슨 말과 행동을 하는지 모르는 술 취한 엄마를 보면서, 매일 아버지와 다투는 그 인생이 지겹도록 싫어서 잠든 엄마의 얼굴을 베개로 눌러버리고 싶었다고 했다. 그 생각 뒤에 따라온 죄책감은 이미 엄마를 죽인 자식처럼 가혹하게 그를 괴롭혔다. 술에 취한 엄마, 치열하게 다투는 부모를 보는 것도 괴롭지만, 부모에 대한 원망과 미움의 감정을 끌어안고 사는 일은 더 괴롭다.

부모의 다툼 앞에 선 아이들은 그 이유를 알 수 없어서 자기 탓을 한다고 한다. 아이는 보이는 현상을 자신의 세계 속에서 해석하고 이해하게 되는데 그 안에는 복잡한 이해관계를 받아들이는 틀도, 시간이 지나면서 해결되는 일도 없다. '부-모-나', 이 삼각구도 안에서 부모가 다투는 이유를 헤아릴 수 없는 아이는 그 이유를 '내 탓'으로 판단하게 된다. 그래서 아이들은 부모가 다투면 자신이 나쁘기 때문이라고 생각한다. 아이의 세계는 어른의 세계처럼 다양하거나 복잡하지 않아서 아이가 어른의 상황을 이해하는 건 어렵다.

중독문제가 동반된 다툼은 대개 생사를 거는 전쟁일 때가 많다. 음주상태에서 감정의 극단을 오가며 내가 죽든 네가 죽든 누구 하나는 죽어야 끝난다는 태도로 싸우기 때문이다. 이 살기 어린 싸움터에서 자녀들은 공포와 불안, 극도의 두려움을 느낀다. 그래서 숨죽이고, 부모의 기대에 거스르지 않기 위해 조심조심 살아가거나 더 거칠고 험한 행동으로 맞서는 나름의 생존전략을 쌓아간다. 어려서부터 생존전략을 세워야 했던 아이들은 '애어른'으로 자라서, 어른이 되어서는 어린 시절의 아픔으로 자라지 못한 '성인아이'를 품고 살아가게 된다.

애어른 같은 아이는 자신의 불편함을 잘 말하지 않는다. 말하지 않는다고 해서 불편함이 없는 것은 아니다. 그저 상대를 살펴가며 자신을 표현하는 것뿐이다. 자신의 감정과 생각을 마음껏 표현해도 되는지, 그렇지 않은지를 아는 것은 거의 본능에 가깝다. 아플 때 아프다고 말하는 것도 말할 수 있는 여건이 되고, 들어줄 사람이 있을 때나 가능하다는 것을 너무 이른 나이에 알게 된 것이다.

술 마시는 부모는 자녀의 삶에 관심을 갖지 못한다. 부모 자신의 삶을 살기에도 벅차기 때문이다. 자녀들에게 생물학적 부모는 있지만 기댈 수 있는 정서적 부모가 없다. 혼자서 학교와 사회에 부딪혀야 하고, 진로를 결정해야 한다. 친구들과 다른 부모의 모습에 서러움을 삼켜야 하기도 하고, 마음은 지옥인데 얼굴은 아무 일 없는 듯 살아가기도 한다. '왜? 왜? 내 부모만 이 모양이지?' 화와 원망이 커질수록 어찌된 일인지 스리슬쩍 죄책감이 달라붙는다.

화가 나서 집을 나오고, 부모에게 소리를 지르고 나서 속 시원하다는 사람을 보지 못했다. 용기를 내 독립했어도 집에 남겨진 다른 가족을 걱정한다. 나만 벗어난 것이 미안하지만 다시 들어가고 싶지는 않다. 그도 그럴 것이 난폭운전을 하는 매우 위험한 차에서 겨우 내렸는데 다시 그 차에 탈 수는 없는 노릇이다.

🌿 나는 알코올 중독자의 자녀입니다 〰〰〰

"왜지는 모르겠지만 아빠가 알코올 중독인 걸 말하지 않으면 그 사람을 속이는 거라는 생각이 들어요."
"만약에 아버지가 알코올 중독이 아니라 고혈압이나 암과 같은 병에 걸린 거라고 한다면 그런 느낌이 들까요?"

"아⋯. 그러게요. 저는 아직도 아버지의 알코올 중독을 제 문제라고 생각하고 있네요."

갓 연애를 시작한 O씨는 연인에게 자신의 아버지가 알코올 중독자인 것을 말하지 않은 일로 고민하고 있었다. 마치 자신이 진실을 감추고 연인을 속인 것처럼 느껴져 마음이 불편했기 때문이다. O씨는 아버지의 알코올 중독을 자신의 치부로 여겼고, 그 치부가 드러나게 될 상황을 두려워했다. 그건 분명히 아버지의 문제이지 O씨의 문제가 아닌데도 말이다.

이처럼 부모의 알코올 중독은 자녀들에게 '중독자의 자녀'라는 정체성을 만들어 자녀의 대인관계와 장래에 마수와도 같은 영향력을 미친다.

'우리 아버지가 알코올 중독자인데, 내가 결혼을 어떻게 해.'
'우리 어머니가 알코올 중독자인데, 나도 알코올 중독자가 되면 어쩌지.'
'우리 부모가 알코올 중독자인 걸 안다면 사람들이 나를 어떻게 볼까.'
'나는 절대로 술을 마시지 않을 거야. 절대로!!!'

수시로 찾아오는 이런 생각들이 깊어지면서 자신감은 낮아지고, 위축감은 높아진다. 자신도 이해되지 않는 생각과 감정들이 떨쳐내기 어려울 정도로 많아진다. 나에게만 일어나는 일처럼 느껴지면 위축감은 더 높아진다. 누구라도 나의 이야기를 들어주었으면 좋겠고, 어떻게 살아야 하는지 알려주었으면 좋겠다는 생각을 하게 된다. 중독가정에서 자란 많은 자녀들이 이런 어려움을 겪고 있다.

이런 마음에서 시작된 모임이 '알아넌'이다. A.A.모임처럼 익명으로 진행되는 알아넌은 알코올 중독자의 가족들을 위한 모임이다. 이 모임에는 중독자의 배우자, 자녀 그리고 어떤 이유로든 중독자와 함께 사는 사람들이 모인다. 이 모임에서는 누구든 자기의 이야기를 할 수 있고, 비슷한 마음을 가진 사람의 이야기를 들을 수도 있다.

여기서 '나는 알코올 중독자의 자녀입니다'라는 말은, 모임에 참여한 이유일 뿐 수치스럽거나 감춰야 할 비밀스러운 이야기가 아닌 게 된다.

밤새 지옥 같은 시간을 보내고 지친 마음으로 전화를 건 분과의 통화를 끊은 뒤 한참 동안 마음이 잡히지 않은 날이 있었다. 고통스러울 만도 한데 부모와 동생을 염려하는 그 마음이 크게 다가왔다. 답답한 마음에 옆자리 선생님에게 물었다.

"선생님, 다이너마이트는 어디서 구해요? 그거 비싼가? 우리 하나 사요."

"엥? 갑자기? 왜요?"

"술 공장 좀 폭파시켜 버리게."

그놈의 술이 너무 싫었다.

지금 힘들어 하고 있을 그대에게

죽고 싶을 만큼의 괴로움을 견뎌낸 것.

그것은 세상 무엇으로도 얻을 수 없는 강력한 힘이에요.

아픔에 무력한 존재가 아니라,

풍파에 부딪혀 만신창이가 된 내가 아니라,

모진 세월을 견디고 버텨온 저력이 있는 사람.

워낙 거친 풍랑을 만났기에 지치고 힘은 빠졌지만

살아남은 생존자.

그게 우리예요. 우린 그런 사람이에요.

그걸 견뎌냈는데 무엇을 못할까요.

지금; 우리는 그저 지쳐 있을 뿐이에요.

울지 말아요.

이 말밖에 할 수 없어 미안합니다.

냉정한 사랑
중독으로 지친 가족에게

> 누군가를 걱정하는 마음에는 상대에 대한 염려와 나의 불안이 더해진다.
> 어떤 것이 더 많은 비중을 차지하는지에 따라 관계의 속성이 달라진다.

젊어서는 '젊으니까 한때겠지' '결혼하면 달라지겠지' 하는 마음으로 결혼했다. 결혼 후에는 '아이를 낳으면 괜찮아지겠지' '아이가 크면 나아지겠지' '아이가 결혼하면 덜하겠지' '손주를 보면 안 그러겠지', 그렇게 30~40년을 살아왔다는 이야기에 많은 가족이 공감했다.

직장인 B씨는 술을 마시면 집안에 물건들을 던지는 습관이 있었다. 아내는 B씨가 잠든 사이 집을 깨끗이 청소했고, B씨는 다음 날 아무 일 없었다는 듯 출근했다. 나아질 거라고 기대했지만 이런 날은 반복되었다. 아내는 지쳤고, 상담실을 찾았다.

아내는 내조의 여왕이라 불릴 만큼 B씨를 극진히 보살폈다. 숙취로 힘들어하면 회사에 대신 전화해 집안에 급한 일로 B씨가 출근하지 못할 것 같다고 말해주었다. 만취상태로 방에 소변을 보아도 다음날 B씨가 충격을 받을까봐 보송한 옷으로 갈아 입혀주었다. 아내는 정말 착하고 좋은 사람이었다.

아내는 B씨가 물건을 던지기는 해도 가족들에게 싫은 말 한번 하지 않는 사람이었고, 직장생활에도 문제가 없었다고 했다. 술을 마시지 않을 때는 한없이 좋은 사람이라는 말도 덧붙였다. 안타깝지만 그런 아내 덕분에 B씨는 자신의 문제와 마주할 기회를 놓치고 있었다.

치료를 받지 않은 중독은 해가 거듭될수록 심각해지고, 그래서 가족은 지쳐간다. 문제가 심각하고, 모두가 상처받고 있다는 걸 알면서도 우리 집에 문제가 있다고 인정하기가 결코 쉽지 않다. 지옥 같은 밤을 보내고도 자고 나면 '괜찮아질 거야, 내일이면 나아질 거야' 하는 희망을 품는다. 소란을 일으킨 가족을 이해하려 애쓰고, 이런저런 노력을 하면 그가 달라질 수 있을 거라는 믿음을 갖기도 한다.

그래서 가족과 상담을 할 때면, 도움을 원하지만 한편으로는 우리 가족에게 일어나고 있는 이 일이 심각한 일이 아니기를 바라는 그 마음을 헤아려야 했다. 너무나 괴로우면서도 문제를 문제로 보고 싶지 않은 그 마음을 말이다.

❧ 냉정한 사랑 〰〰〰〰〰〰〰〰〰〰

냉정한 사랑은 중독과 같은 충동조절문제로 어려움을 겪고 있는 가족들에게 자주 하는 제안이다. 문제의 당사자가 스스로 문제를 해결하도록 지켜봐주기만 하라는 의미다. 물론 쉽진 않다. 가족의 일이 나의 일이 아닐 수 없고, 그의 해결이 미덥지 못할 때도 있기 때문이다.

무엇보다 아주 간절하게 한 번만 도와주면 다시는 그런 행동을 하지 않겠다고 애원하거나 반대로 으름장을 놓기도 해 가족이 해결할 수밖에 없는 상황이 만들어진다. 설령 그렇다 하더라도 마음을 다부지게 먹고 참아내야 냉정한 사랑을 실천할 수 있다.

냉정한 사랑은, 글자 그대로 냉정하게 표현되는 사랑이다. 냉정한 사랑의 다른 표현을 찾으려면, 나는 '불안을 버텨낸 사랑'이라고 말하고 싶다.

어린이집에 부모교육을 간 적이 있었다. 5세 딸아이를 두었다는 엄마가 딸이 겁이 많아서 미끄럼틀도 못 타는 것이 걱정이라고 했다. 나는 엄마에게 아이가 미끄럼틀을 무서워하는 이유로 짐작되는 것이 있는지 물었다. 엄마는 아이가 놀이터에 다니기 시작했을 때부터 항상 '조심해' '위험해'라는 말을 반복했다. 서너 살 때는 다칠까 걱정이 되어서 그랬던 건데 다섯 살이 되어서는 아예 놀이기구를 못 타게 되었다.

엄마는 잠시 말을 멈추더니 이내 자신의 걱정이 놀이터를 위험한 곳으로 생각하게 만든 것 같다고 했다. 해결의 실마리가 그곳에 있었다. 엄마는 아이가 다시 놀이터에서 놀 수 있도록 충분히 함께 놀아보겠다고 했다. 그리고 우리는 아이가 스스로 조심하는 법을 터득할 거라 믿으며, 하고 싶은 말을 참아보기로 했다.

단순한 질문으로 해결법을 찾은 건 엄마의 현명함 덕분이었다. '말을 물가로 데려갈 수는 있지만, 물을 마시는 것은 말'이라는 속담을 우리는 알고 있다. 가족은 그를 물가로 이끌어만 주고, 물은 본인이 마실 수 있도록 역할을 남겨두어야 한다. 스스로 할 수 없을 것 같아서, 안쓰러워서, 법적인 문제가 걱정되어서 또는 창피해서와 같은 이유로 물을 떠먹여주면 가족이 너무 지친다.

그런데 지친 가족에게 "본인이 스스로 해결할 수 있도록 지켜봐주세요. 그가 자신의 모습을 볼 수 있는 중요한 기회가 됩니다. 설령 법적 책임을 져야 하는 상황이 온다 하더라도 말입니다"라는 말을 전하는 일도 쉽진 않다. 어떤 경우에는 이 말이 현실을 공감하지 못하는 말로 전해지거나, 상황을 모르면서 교과서 같은 말만 늘어놓는 것으로 보일 수 있기 때문이다.

🌿 냉정한 사랑의 포인트, '자기 일을 스스로'

냉정한 사랑의 포인트는 자기의 일을 스스로 하는 데 있다. 자기의 일을 스스로 해야 한다는 것은 유치원에서부터 배웠다. 냉정한 사랑은 이미 알고 있는 이것을 실천해보시라는 제안에 불과하다.

가족 각자가 자기의 일을 스스로 하면서 적당한 거리에서 도움을 주고받을 때 상생할 수 있다. 함께 살면서 도움을 주고받는 관계에서는 의존하는 마음이 생긴다. 기댈 수 있는 누군가가 있다는 것이 얼마나 큰 힘인지 경험해본 사람은 안다.

건강한 의존의 관계는 내가 기댈 수 있고, 상대도 나에게 기댈 수 있는 관계이다. 상대의 상태를 살펴가며 기대고, 또 기댈 수 있도록 배려해주는 것은 성숙한 의존이다. 대상관계이론가 로널드 페어베언은 인생은 미숙한 의존에서 성숙한 의존으로 나아가는 것이라고 했다. 옷, 밥, 집은 사람의 몸을 보호하고, 의존은 사람의 마음을 보호한다.

건강한 의존의 반대말은 공동의존이다. 예를 들어 설명하자면 가족 중 누군가가 알코올에 중독된 가정에서 가족 모두가 술에 예민해지고, 음주 여부에 촉각이 곤두서거나 중독자의 일거수일투족에 관심이 집중되는 현상을 공동의존이라고 한다. 중독자는 술에, 가족은 중독자에게 감정과 생활을 지배당하게 되는 것이다. 공동의존에서 벗어나기 위한 방법으로도 냉정한 사랑을 제안하게 된다.

냉정한 사랑을 제안할 때면 함께하는 또 하나의 제안이 있다. 가족이 자신의 감정과 상태, 일상을 돌보는 데로 관심을 돌리는 일이다. 가족들은 마치 '중독에 빠진 가족은 내버려두고, 본인에게만 관심을 기울이세요'라고 들려 망설이기도 한다. 매정한 가족이 되는 것 같아서이다.

건강한 관계에는 적당한 거리가 필요하다. 나의 일상을 살아내고, 건강함을 유지할 때 성숙한 방법으로 서로를 도울 수 있다는 쉬운 사실을 기억할 필요가 있다. 사실 이건 중독문제 당사자에게도 필요하다. 자신의 일에 시간과 열정을 '올인'해주는 사람이 처음에는 좋을지 몰라도 감정의 채무관계에서는 자유롭지 못하게 되기 때문이다.

4인 가구에는 네 명이 산다. 네 명의 인생이 있고, 네 개의 이야기가 있고, 네 개의 삶의 방향이 있어야 한다. 모두가 한 방향만 보고, 한 사람의 인생에 집중하고, 하나의 이야기만 나누게 되는 건 경계해야 한다. 가족이라는 이유로 개개인의 정체성이 사라질 수 있기 때문이다.

집안에 문제가 생기면 가장 건강한 사람이 먼저 도움을 청한다. 그는 무언가 잘못되어 가고 있는 것을 제일 먼저 알아챈 사람이다. 한 집안의 문제를 가족 모두가 같은 수준으로 인식하는 것은 생각보다 어렵다. 누구라도 먼저 문제해결에 나서야 달라질 수 있다. 손뼉도 마주쳐야 소리가 난다. 변화를 시작한 사람은 더는 갈등을 만드는 손뼉에 손을 맞추지 않는다. 이것이 필요하다.

나의 가족에게 정신건강 문제가 있다는 것을 인정하는 일은 정말로 어렵다. 그것을 인정하는 데서 움튼 냉정한 사랑, 성숙한 의존, 가족 각자의 개성 있는 삶은 그래서 농도 짙은 성장일 수밖에 없다.

공부가 필요합니다

알코올 중독으로 어려움을 겪는 분들의 필독서 『Alcoholics Anonymous 익명의 알코올 중독자들』이라는 책이 있습니다. A.A.모임의 시작부터 회복까지를 기록한 책인데, 이 책은 'Big book빅북'이라는 별칭을 갖고 있습니다. 이미 눈치채신 분도 계실 텐데요, 중독자에게 있어서 이 책은 '성경'과 같은 의미를 갖기에 그렇습니다. 저는 이 책을 중독문제를 가진 당사자뿐 아니라 가족들도 함께 읽으면 참 좋겠다고 생각합니다.

사실 저는 책 내용이 쉽게 이해되지 않아 몇 번을 반복해서 읽어야 했습니다. 제가 이해한 바가 맞는지도 잘 모르겠더라고요. 하지만 두꺼운 이 책을 모두 읽고 나니 중독에 대해 조금은 알 것 같았습니다. 알코올 중독을 직접 겪어보지 못한 제겐 간접적으로나마 이해하는 데 도움이 되었습니다.

중독문제가 있는 가족과 함께 산다면, 중독에 대해 잘 알 필요가 있습니다. 이건 단순히 술을 마시는 것만의 문제가 아니기 때문이지요.

왜 후회하면서도 계속 술을 마시는지, 왜 점점 성격이 변해가는지, 왜 더 이상 그의 생각과 태도를 이해하기가 어려워지는지를 알아야 공연한 속 끓임과 다툼을 줄일 수 있습니다.

문제의 본질은 개인이 아니라 문제 자체에 있습니다. 중독문제가 있다면 중독자가 아니라 중독이 문제의 본질이 됩니다. 그래서 '중독'을 잘 알아야 합니다. 먼저 '중독'을 공부한 후에, 이 병에 취약하게 된 개인적 이유를 찾는 것입니다. 그렇다면 어떤 공부를 어디서 어떻게 해야 할까요? 저는 두 가지 방법을 소개해보겠습니다.

첫 번째는 교육을 통한 학습입니다. 중독전문기관을 찾아가는 것이 시작인데, 중독문제 당사자뿐 아니라 가족을 위한 교육과 상담도 실시되고 있으니 도움이 될 겁니다. 전문기관에는 중독전문의료기관과 상담센터가 있습니다. 의료기관은 해독치료, 약물치료를 기반으로 입원과 외래의 형태로 치료를 받을 수 있는 곳입니다. 중독관리통합지원센터와 중독자재활시설 등의 상담센터에서는 상담과 교육을 받을 수 있습니다.

두 번째는 자율학습입니다. 대표적인 방법은 책을 읽는 것입니다. 중독에 관련된 도서를 읽다 보면 문제가 보이고, 가족의 역할도 알 수 있게 됩니다. 차분히 책을 읽으면서 우리 가정과 내 안에서 일어나는 일을 스스로 진단해보는 것이지요. 입문서로 앤더슨 스피카드의 『한잔만 더』 천주의성요한 알코올상담치료센터에서 펴낸 『회복에 이르는 길』 모리오카 히로시의 『알코올 중독자 가족의 회복을 위한 길』을 추천 드립니다.

3장

고된 삶의 무게
정신장애인의 가족으로 산다는 건

> 병은 결코 벌이 아닙니다. 그 누구의 잘못도, 그 누구의 책임도 아니에요.
> 가족이 짊어져야 할 십자가가 되어서도 안 되고요.

"우리 애들, 괜찮을까요? 뉴스를 볼 때마다 심장이 두근거려서
못 살겠어요."
"우리 애가 정신질환이 있어 보인다고 사람들한테 해코지 당할
까봐 겁나요."
"우리 애가 나갈 때마다 걱정돼요."

정신질환이 있는 사람이 저지른 범죄로 정신질환자에 대한 부
정적 분위기가 심했던 때였다. 평소보다 많은 가족들에게서 전화

가 걸려왔다. 전화를 걸어온 어머니들에게 너무 걱정하시지 말라고는 했지만 한 지붕 아래 살고 있는 나 역시 마음이 불편하고, 걱정되는 건 어쩔 도리가 없었다.

🌿 내가 죄인 같아서 ~~~~~~~~~~~~~~~

"암은 차라리 끝이라도 있지. 이건 내일을 알 수가 없으니까 너무 지쳐요."

"솔직히 나는, 내가 죽고 난 다음에 우리 애가 어떻게 살지 너무 걱정이 돼서 차라리 같이 죽는 게 낫겠다는 생각을 그간 수도 없이 했어요."

"자식을 낳은 것도 죄. 잘못 키운 것도 죄. 그냥 다 내 죄인 것 같아요."

그 나이대 아이들이 다 하는 것을 하면서 평범하게 살기를 바라는 부모의 마음이 꿈과 희망이 된다. 내 배 아파 낳은 내 자식을 두고 드는 몹쓸 생각들로 괴롭기만 하다. 어디에 가서 하소연하기도 어려운 병이 이 정신병이다.

그래서인지 어머니들의 하소연을 들을 때면 마지막 인사는 "이런 이야기를 선생님 아니면 누구한테 해요"가 된다. 한 어머니는 "나는 우리 애 하나로도 이렇게 힘든데, 선생님은 얼마나 힘들겠어요. 미안해요"라고 했다. 그 어머니는 10대에 병을 얻은 아들과 무려 40년간을 씨름하며 살아왔다. 이제는 너무 지치고 힘들어서 화도 나지 않는다고 하면서도 그런 자식을 맡긴 것이 미안하다는 것이다.

나도 두 아이를 키우고 있다. 일하며 아이를 돌보는 일이 쉽지 않다는 핑계를 대면서도 아이가 잦은 감기라도 걸리면 내 탓인 것만 같다. 자라면서 생겨나는 자연스러운 현상이나 아이의 기질까지도 좋지 않아 보이는 것은 다 내 탓 같다.

'태교를 잘못해서일까? 그때 아이한테 좋은 반응을 못해서일까?' 이런 생각을 하며 아이에게 일어나는 일들이 온통 마음에 걸린다. 엄마는 이런 건가 싶다가도 그런 마음으로 사는 일이 힘겨울 때도 있다.

이런 마음으로 정신질환을 앓고 있는 자녀를 둔 부모의 마음을 생각해보니 숨이 턱 막힌다. 지겹도록 더딘 회복과 수시로 도사리고 있는 재발가능성으로 단 하루도 마음 편할 날이 없다. 지치고 힘이 빠져도 놓을 수가 없다. 포기할 수가 없다. 나도 그런 상황이면 그럴 것 같다.

끝없는 뒷바라지

"뭐 이런 병이 다 있어요. 시간이 지나면 나아지기도 해야지 갈수록 더해. 이젠 나도 늙고 병들어서 제발 사고 좀 치지 말라고 해도 소용이 없어. 이 병이 그런 병인 건지, 내 자식이 유별난 건지 도통 알 수가 없어요. 나 죽고 나면 애를 형제가 돌보겠어요? 그리고 솔직히 다른 자식들한테 애를 돌봐달라고도 못하겠어요. 그 애들은 무슨 죄예요. 나는 애가 일 안해도 괜찮아요. 내가 아직은 일을 할 수 있으니까. 그러니 제발 건강해지기만 했으면 좋겠어요. 그러면 바랄 게 없겠어요."

"아, 어머님. 이 병이 참 사람을 지치게 하는 병이에요. 치료를 잘 받으면 충분히 회복될 수 있는데 거기까지 가기가 쉽진 않더라고요. 그 점으로 힘들어하는 가족 분들이 많으세요."

20년째 조울증에 걸린 자식을 뒷바라지해온 어머니에게 내가 할 수 있는 답은 고작 이 정도였다. 내 자식이 유난히 문제가 많은 것인지 모르겠다고 하는 어머니에게 나는 개인보다는 병의 특징을 향해 부등호를 크게 열어두고 말해야 했다. 나만의 문제, 우리 가족만의 문제가 아니라는 것만으로도 위로가 될 때가 있기 때문이다.

조울증은 극단의 감정 상태를 오가며 감정과 행동을 통제하기가 어려운 병이다. 그래서 조증mania 상태에서 벌어지는 사건사고가 많다. 가족에게 과도하게 돈을 요구하고, 현금을 얻기 위해 집안에 돈이 될 만한 물건들을 내다 팔기도 한다. 유흥비나 불필요한 물건을 사는 데 거침없이 돈을 쓴다. 휴대전화 소액결제가 쌓여 거액의 빚이 되기도 한다. 외양이 화려해지고, 엉뚱해 보이는 장식을 하기도 하는데, 어떤 분은 오전에 노란색으로 염색하고 온 머리가 오후에는 보라색으로 바뀌기도 했다. 또 다른 분은 본인의 차를 풀과 들꽃으로 장식하고 다녔다. 감정선이 불안정해져서 쉽게 예민해지고 주변과 마찰이 잦아진다.

이때 벌어지는 사건사고의 결과물들은 고스란히 가족의 몫으로 남겨지는 경우가 많다. 그 몫을 20년간 감당해온 어머니의 소진burn out은 어쩌면 당연한 결과일 것이다.

🌿 짊어지고 갈 십자가 ∼∼∼∼∼∼

가족의 정신질환으로 종종 만났던 부인이 있었다. 곱고 부드러운 분이셨다. 고생 한번 하지 않은 분 같아 보였지만 매일 몸져누운 아버지 간병과 남편과 자녀들을 챙기고, 언니를 보살피는 일까지 모두 감당하고 있었다. 상황을 알기에 너무 힘들지 않으시냐고 물었다. 부인은 "제가 감당해야 할 십자가가 많은 것 같아요"라고 답했다. 부드러운 말씨와 보조개 핀 미소가 고단함보다는 받아들임으로 느껴지게 했다. 받아들였다고 해서 그 무게가 가벼워지는 것은 아닐 테지만…. 정신질환은 정말 가족이 짊어져야 할 십자가일까?

팔순의 노모는 쉰을 넘긴 아들을 챙겨주어 고맙다며 자식뻘도 안 되는 내게 연신 허리를 굽혀 인사를 하신다. 일을 하다가도 동생에게 무슨 일이 생겼다고 하면 총알처럼 달려온 오빠도 있었다. 정신질환에 걸린 동생이 답답하고, 챙기기 힘들다고 불평하면서도 일이 생길 적마다 제일 먼저 달려온 오빠였다. 동생과 조카가 모두 정신질환을 앓고 있는 언니는 미안함과 고마움에 나를 볼 수가 없다며 눈물을 흘렸다.

특별할 것도 없는 내게 가족들은 늘 감사하다는 인사를 한다. 그 인사에 힘이 날 때도 있고, 감사할 때도 있지만 월급 받으면서 내가 할 일을 한 것뿐인데 너무 과한 감사를 받는 건 아닌가 싶다.

아마도 그건, 내가 감사받을 일을 해서라기보다는 가족의 마음의 무게를 조금은 나누어 가졌기 때문인 것 같다. 마음의 무게가 덜어진 자리에 감사가 들어간 것이 아닐까 한다.

혹시 번아웃 아닌가요?

상담을 할 때면 사소한 일들에도 말씨름을 걸어오는 분이 있었습니다. 누군가에게 특별한 관심을 원했던 그는 외로움이 큰 만큼 화도 많았습니다. 말 한 마디, 표현 하나에도 주의해야 했고, 때론 억측과 같은 말들을 담아내야 하기도 했습니다.

하루는 보이지 않는 그 샅바싸움을 진탕하고 자리로 돌아와 앉았는데 갑자기 눈물이 주르륵 흘렀습니다. 몸도 마음도 지칠 대로 지쳐서 흐르는 눈물을 내버려두고 가만히 앉아만 있던 날이었습니다.

"선생님은 사회복지사잖아요! 사회복지사면, 무조건 이야기를 다 들어줘야 하는 거 아니에요?"

날카로운 눈매와 억울함 가득한 표정으로 톡 쏘며 말하던 그의 표정이 지금도 생생합니다. '사회복지사' 자리에 '엄마, 언니, 아버지, 형'을 넣어보면 가족의 애환이 보입니다. "엄마잖아"라는 말 뒤에 "나한테 해준 게 뭐가 있다고? 내가 왜 이렇게 됐는데!!!"라는 문장이 따라올 때 무너지는 가슴을 뭐라고 표현해야 할까요.

무너진 가슴을 다시 세울 새 없이 생계를 꾸려가다 보면 에너지가 고갈되어 아무것도 할 수 없을 것 같은데도 일을 합니다. 무슨 정신으로 이렇게 살아가나 싶다가도 내가 무너지면 안 된다는 생각에 버팁니다.

지쳐도 지칠 수 없고, 힘들어도 힘들어할 수 없는 상태로 하루, 이틀, 일 년, 십 년을 버티다 보면 번아웃증후군이 찾아옵니다. 번아웃증후군은 어떤 일에 몰두하면서 신체적, 정신적인 피로감이 극도에 찰 때 무기력감, 거부감을 느끼게 되는 증상입니다. 짜증이 늘고, 주변에 냉담해지는 특징이 있습니다. 우울감이 느껴지기도 하지만, 우울증과는 다릅니다.

번아웃증후군과 우울증의 차이를 자세히 알고 싶다면 클라우스 베른하르트의 책 『어느 날 갑자기 무기력이 찾아왔다』를 읽어보시면 도움이 될 것입니다.

번아웃증후군으로 짜증이 나고, 마음에 냉기가 돌고, 무기력감이 느껴져도 일을 해냅니다. 그리고 주변을 돌봅니다. 나는 힘들어 죽겠는데도 꾹 참고 그 일을 해내느라 모든 에너지가 다 타버린 것입니다. 그래서 'BURN-OUT!', 다 타서 재가 되었다는 것입니다. 재가 된 후엔 석유를 붓고, 나무 장작을 올려둔다고 불이 다시 붙지 않습니다. 혹시 남았을지 모를 불씨를 살리는 법은 얇은 종이를 살짝 가져다대고 작은 입김을 호~호~ 하고 부는 것입니다.

번아웃증후군에서 벗어나려면 새로운 에너지(개인에 따라 에너지충전법이 다르겠지만)를 쏟아 붓는 것보다 번아웃된 상태를 호~호~ 불어주며 조심스럽게 달래주는 것이 효과적입니다. 짜증이 나는 마음에는 '이러면 안 돼! 짜증 내지 말아야지!' 하는 누름돌보다 짜증이 나는 상태를 알아봐주고, 입김을 호~ 하고 불어주는 것이 더 낫습니다.

4장

한 번쯤은 누구에게나 필요하다

마음을 돌아볼 시간

"네 이웃을 네 몸과 같이 사랑하라."
이 말씀에 방점을 찍으라면
저는 '네 몸'에 찍겠습니다.
'이웃을 사랑하라'보다
앞선 것이
'네 몸과 같이'이니까요.

지금 지쳐 있는 건 아닌가요?

지친 마음, 무기력감

> 주어진 일들을 담담히 해내고 '무너지면 안 된다'는 말로 되뇌어가며
> 외면해온 것. 그것은 바로 지쳐 있는 나의 마음이었다.

한동안 일이 손에 잡히지 않은 적이 있었다. 집중력이 떨어지고, 기력이 쇠해 일할 기운이 나지 않았다. 마음은 조급한데 좀처럼 움직여지지 않아서 무언가를 시작하기까지 애먼 시간을 보내야만 했다.

나는 마치 나의 상태를 잘 알고 있는 것처럼 주변에 "나 번아웃인 것 같아. 요즘 영~ 일에 집중이 안 되네"라고 말하곤 했지만, 마음 깊은 곳에서는 번아웃을 인정하지 못했다. 자기관리를 못하는 심약한 사람으로 보일 것 같았기 때문이다. 그래서 별일 없어 보이는 가면을 쓰고 버텼다.

가면 속의 나는 아무것도 하고 싶지 않았고, 누구도 만나고 싶지 않았고, 만사가 다 부담스럽고 귀찮기만 했다. 그런 속마음을 누른 채 사람을 만나고, 책임 있는 일을 하려니 일상이 버거웠다. 그런데도 나는 에너지가 소진되어 힘이 없는 나를 답답해하며 채근하기까지 했다.

그러는 사이 반복되는 비판적 생각과 매너리즘에 직면해야 했고, 몸의 기운은 한없이 빠져나가는 것만 같았다. 운동을 하고, 건강기능식품을 먹은 날과 안 먹은 날의 차이를 분석해가며 기운을 회복하려 애썼지만, 몸과 마음은 별개가 아니기에 좋은 효과를 보지 못했다. 무기력감은 마음의 온기와 에너지를 짜증과 우울로 바꿔놓는 것 같았다.

무기력감을 다르게 표현한다면 어떤 말이 있을까? 무기력감과 마치 한 쌍처럼 사용되는 '무의욕증'이나 번아웃burn-out으로 불리는 '소진'이 생각난다.

소진 상태의 사람을 상상해보니, 축 처진 어깨와 털썩 주저앉아 있는 모습이 떠오른다. 그에게 다가가 무슨 일이냐고 묻는다면, 아마도 그는 "나는 지금 너무 지쳤어요. 아무것도 하고 싶지 않아요"라고 답할 것 같다. 무기력감은 '지친 상태'의 다른 표현일 수 있다.

'지친다'는 말의 사전적 의미는 힘든 일을 하거나 어떤 일에 시달려서 기운이 빠진 것, 어떤 일이나 사람에 대해서 원하던 결과나 만족, 의의 따위를 얻지 못해 더 이상 그 상태를 지속하고 싶지 않은 상태가 된 것을 말한다. 지친 상태는 무언가에 열심히 에너지를 쏟은 후에 오는 일종의 결과인 셈이다. 여기에서 두 가지 질문이 생긴다.

- 나는 왜 이렇게 지칠 때까지 달려온 걸까? (혹은 달려야만 했을까?)
- 어떻게 해야 다시 에너지를 충전할 수 있을까?

🌿 지친 마음에 위로를

누구나 저마다의 사연을 갖고 있기에 '달려야만 했던' 이유도 다 다를 것이다. 때문에 첫 번째 질문에서는 '달린 이유'보다는 달리는 동안 '지쳐간 과정'을 함께 생각해봤으면 한다.

"일하고, 가족들 건사하고, 몸이 열 개라도 모자라요. 나는 쉴 틈이 없어요."
"그렇게 지내시면 많이 지치실 것 같은데요."

"지치죠. 힘도 들고. 그래도 어떻게 해요. 쉰다고 뭐가 달라지나요. 하루라도 더 버는 게 낫지."

상담을 하다 보면 종종 나누게 되는 대화이다. 쉬는 것이 사치처럼 느껴지거나 쉬는 만큼 경제적 이득이 줄어서 쉴 수가 없었다는 분들의 이야기를 듣다 보면 사는 일이 녹록지 않음을 새삼 절감한다. 쉰다는 것은 곧 멈춤을 의미하는 듯했다.

몇몇 분들은 멈추면 안 된다는 생각을 하고 있었는데 멈추게 되면 다시 움직일 수 없을 것 같아서였다. 엄밀히 말하자면 '멈추면 안 된다'가 아니라 다시 움직이지 못할까봐 '멈출 수가 없어서'였다. 쉴 수 없어서 쉬지 못하는 일상에서도 마음 한 구석에 휴식에 대한 갈망은 있다. 그때마다 '괜찮아, 괜찮아질 거야!' '나만 힘든가 뭐. 다들 그렇게 사는 거지'라는 위로 아닌 위로를 하며 버틴다.

남들도 그렇게 산다는 것이 보편적인 기준이 되어 나의 힘듦이 나만의 것이 아니라 누구에게나 있는 것으로 일반화된다. 일반화된 힘듦을 하소연하는 일은, 남들은 다하는 것을 못하는 나약한 사람으로 느껴지게 한다. 힘들면 힘들다고, 지치면 지쳤다고 말하는 것이 어려운 세상을 사는 기분이다.

책임감인지 의무감인지 모를 부담과 버거움을 느끼면서도 주워진 역할과 해야 할 일들을 감당해내느라 나의 상태를 돌아볼 시간을 갖지 못한다. 신경 써야 할 일들이 많기에 지치거나 힘들 여유가 없다고 생각되기도 한다. 그렇게 참고 버티다 탈이 난 것이 무기력감이다.

다시 질문으로 돌아가 '나는 왜 이렇게 지칠 때까지 달려야만 했을까?'를 생각하는 것은, 이 무기력감에서 벗어나기 위한 첫 스텝이 된다. 무기력감에 빠진 나를 돌보는 데는 나의 무기력감을 인정하고, 지친 상태를 알아봐주는 일이 우선이기 때문이다.

만일 지금 자신이 지쳐 있다고 생각된다면 고요히 앉아 자신의 솔직한 마음을 들여다보는 시간이 필요하다. 나의 마음이 어떤지, 어떤 생각들이 마음을 힘겹게 하는지, 내가 무엇을 원하고, 필요로 하는지를 가만히 들어주는 것이다. 다른 누구보다도 내가 들어주는 것이 좋다. 다른 누군가의 위로보다도 내가 나에게 해주는 위로가 더 좋다. 나야말로, 언제나 나와 함께하는 유일한 사람이기 때문이다.

✎ 새로운 에너지를 채우는 시간이 필요하다

내가 지치고, 무기력해질 수밖에 없었던 이유를 돌아본 후에는 노트, 일기장, 메모장 어디든 좋으니 내가 지치게 되는 상황을 적

▶ 지치게 되는 상황: 촉박한 시간 안에 무언가를 해야 하는 상황
▶ 나의 반응: 긴장이 높아지고, 생각을 할 수가 없어 기계적으로 움직인다.
▶ 새로운 대처를 위한 생각하기: 쫓기는 일상은 마음의 여유를 잃게 하고, 여유가 없는 마음은 삭막해진다. 누군가의 사소한 요구에도 예민해지고 미쳐버릴 것 같은 아슬아슬함을 느끼게 한다. 그러니 무슨 일을 할 때는 충분한 시간적 여유를 갖기 위해 애써보자.

어두는 것이 좋다. 내가 취약해지는 상황을 알고 피하는 지혜는 새로운 방법으로 대처하는 것만큼이나 중요하기 때문이다. 여기서 조금 더 나아가 그 상황에서 일어나는 나의 반응을 적어보고, 새로운 대처방법을 생각하는 시간을 가질 수 있다면 더 좋다. 나에게 맞는 방법을 스스로 생각해내는 것이 가장 나다울 수 있다. 이때 생각에 도움을 줄 수 있는 독서나 좋은 사람과의 대화가 있다면 그 시간은 더 의미가 깊어질 것이다.

무기력감은 몸과 마음과 영혼이 지친 상태에서 오는 현상이기 때문에 몸과 마음과 영혼을 모두 돌봐야 한다. 몸과 마음과 영혼은 하나이기에 이 중 하나라도 소외되면 안 된다. 나의 몸과 마음과 영혼의 이미지를 떠올리거나 그림으로 그려보고 각각의 영역에서 축난 부분을 점검해보자. 그리고는 바로 할 수 있고, 쉬운 것부터 차례대로 새롭게 채워가보는 것이다.

다음은 참고가 될 만한 몇 가지 방법들이다. 이 중 한 가지라도 할 수 있는 것이 있다면 꾸준히 실천하는 것이 중요하다. 물론 꾸준히 못했다 해도 질책할 필요는 없다. 다시 하면 되니까.

- 몸의 영역: 정해진 시간에 잠들고 깨기/ 잠에서 깨면 기지개를 크게 켜기/ 이부자리 정리하기/ 신선한 공기 마시기/ 햇볕 쬐기/ 신선한 채소·과일 먹기/ 단 음식은 피하기/ 병원에서 건강·영양 상태 점검하기/ 가벼운 스트레칭/ 걷기/ 청소
- 마음(정신)의 영역: 감정 인정하기/ 생각 정리하기/ (나에게) 친절하기/ (나를) 위로하기/ 대화하기/ 전문가와 상담하기/ 여유시간 갖기/ 역할과 책임조절하기
- 영혼의 영역: 명상/ 종교활동/ 독서/ (나를 위한, 남을 위한) 기도/ 긍정성·건강성을 회복하려는 노력

새롭게 채워질 내용과 채우는 방법은 개인의 취향이지만 한 가지 분명한 원칙은 있다. 나에게 그리고 타인에게도 이로운 것이어야 한다. 길을 걷다 넘어지면 툭툭 털고 일어나 어느 돌부리에 걸렸는지 확인하고 다신 안 걸려 넘어지게 주의하면서 가던 길을 간다. 마음에 힘이 풀려 주저앉았다면 어떤 일로 힘이 빠졌는지

확인하고, 다신 주저앉지 않게 주의하면서 살아가면 그뿐이다. 무기력에 지나친 해석이나 의미를 부여할 필요는 없을 것 같다.

일이 손에 안 잡히고 마음은 조급해 갑갑하기만 하던 때 점쟁이를 찾아가 과연 내가 일을 해낼 수 있을지 묻고 싶었다. 답답한 마음에 누구에게라도 물어보고 싶은 심정이었다. 그런데 가만 생각해보니 그걸 누가 알 수 있을까? 내가 하면 해내는 거고, 안 하면 못 해내는 것인데. 그 답을 아는 사람은 오직 나뿐이었다.

내 상태를 점검하는 자문자답

인간은 전인적인Whole person 존재라고 한다. 전인적 존재라는 말은 전체로서의 인간으로도 말할 수 있는데 인간은 신체적, 논리·지성적, 심리·정서적, 사회·경제적, 영적인 면을 고루 갖추고 있음을 의미한다. 이 면들은 상호적이기 때문에 어느 한 면만을 따로 떼어놓고 생각할 수가 없다.

만일 지금 지쳐 있는 상태라면 유기적으로 맞물려 있는 이 다섯 측면을 고루 살펴볼 필요가 있다. 각각의 측면마다 전과 다른 변화나 이상 징후가 없는지를 확인하는 것이다.

다섯 측면을 살피는 방법으로 자문-자답을 제안해본다. 자문-자답 점검이 처음인 분들을 위해 내가 사용해본 자문-자답 리스트에 질문 내용을 조금 보강해보았다. 점검 항목에 따른 자기 질문을 본인에게 맞춰 변경해 사용하면 보다 현실적이고 적극적인 자기 점검이 될 것이다.

구분	점검항목	자기 질문의 예
신체적	• 수면시간과 질 • 식사의 양과 질 • 운동여부 • 건강이상 여부	- 수면시간이 일정하고, 충분히 숙면을 취하고 있는가? - 식사의 양과 질은 어떤가? - 규칙적으로 하는 운동이 있는가? - 이유를 모르는 근육통, 두통, 가슴통증이 느껴지는가? - 의도하지 않은 체중 변화가 있었는가?
논리· 지성적	• 비합리적 생각 • 생각의 폭	- 전과 다르게 생각의 폭이 좁아졌는가? 　(흑백논리, 일반화하기 등) - 비합리적이거나 왜곡된 생각을 하고 있지는 않은가? - 특정 생각이 반복되어 떨치기가 어려운가?
심리· 정서적	• 요즘 자주 느끼는 감정 • 사적인 시간과 활동 • 감정의 표현 정도 • 자기인식과 태도	- 즐거움 vs. 권태로움, 나는 무엇을 더 자주 느끼는가? - 집중력, 주의력, 기억력에 변화가 있었는가? - 나만의 여가시간을 갖는가? - 하루에 얼마나 웃는가? 웃음을 잃지는 않았는가? - 울음을 억지로 참고 있지는 않은가? - 자기 자신을 믿고, 친절하게 대하는가? - 습관적인 자기비난을 하고 있지는 않은가?
사회· 경제적	• 주변에 대한 관심 • 대인관계 • 사람들과의 교류	- 주변의 일에 관심을 갖고 다른 사람을 돕는 일에 관여하는가? - 이웃과 지역사회의 일에 참여하는가? - 속마음을 털어놓을 사람이 있는가? - 다른 사람의 도움을 받고자 하는가?
영적	• 평온함, 평화와 관련된 느낌 • 세상과 사람들에 관한 느낌과 태도 • 삶에 대한 인식과 태도	- 종교활동과 같은 영성활동을 하는가? - 세상과 사람들에 대한 분노나 적대감을 느끼는가? - 세상과 미래에 대한 희망을 갖는가? - 나만의 신념이 있는가? - 기도와 명상과 같은 활동을 하는가?

부럽지만 부럽지 않아
시기심에 대하여

> 만일 당신이 누군가를 미워한다면, 당신은 그 사람 안에서
> 당신의 일부인 그 어떤 것을 발견하고 미워하는 것이다. -헤르만 헤세

레크리에이션에서 사자성어게임을 한 적이 있다. 진행자가 사자성어의 앞 두 글자를 말하면, 뒤의 두 글자를 맞추는 게임이다. '결초'를 말하면 '보은'으로 답하는 것이다. 팀별로 여럿이 나와 제한된 시간 안에 가장 많이 맞추는 팀이 이기는 게임이었다.

삼고(초려) 결초(보은) 삼삼(오오) 일희(일비)…, 맞고 틀리고를 반복하면서 팀별로 열심히 맞춰가던 때 진행자가 '시기'를 말하자 질문을 받은 참여자는 한 치의 망설임도 없이 큰소리로 '질투!' 하고 외쳤다. 잠시 정적이 흘렀고 이내 웃음바다가 됐다.

진행자가 기대한 답은 시기(상조)였다. 그런데 '시기질투'라는 말이 찰떡같이 어울려서 잠시 잠깐 멈칫했다. 시기질투는 유비(관우)만큼이나 큰 웃음을 줬다.

놀이에서 시기·질투는 이렇듯 웃음을 주지만 마음에서 시기·질투는 그렇지가 못하다. 만약에 감정에 추가 있다면 가장 무거운 감정은 시기·질투와 관련한 감정일 것이다. 누군가를 시기하고 질투하는 마음엔 상당한 에너지가 들기 때문이다. 강도의 차이는 있겠지만 시기나 질투를 경험하지 못한 사람은 없을 것이다.

🌿 시기심은 죄인가?

시기심猜忌心은 남이 잘되는 것을 샘내고 미워하는 마음으로 내게 없는 것을 상대가 가졌다고 느낄 때 일어나는 감정이다. 부러움과 질투도 큰 틀에서 시기심에 속한다.

시기심은 여러 경전에서 사람이 경계해야 할 악惡한 감정 중 하나로 분류되어 왔다. 그다지 경건하지 못한 나도 시기심을 느낄 때면 마음이 악해진 것(?) 같아 눈물 콧물 쏟는 회개를 하곤 했다. 드라마에서도 시기심에 찬 배우의 열연은 '발암연기'로 불리며 사람들의 마음을 몹시 불편하게 만든다. 조선시대에는 왕비의 폐

위 사유가 되기도 했다.

시기심을 보여주는 동화 〈콩쥐팥쥐〉와 〈신데렐라〉를 봐도 그렇다. 두 동화에서는 공통으로 계모와 계모의 딸들이 부모를 잃고, 가진 것도 없는 가련하지만 예쁘고 착한 주인공을 핍박한다. 핍박의 수준은 강제 노역과 학대를 넘어 〈콩쥐팥쥐〉에서는 콩쥐를 연못에 빠뜨리는 살인미수에까지 이른다. 팥쥐와 신데렐라의 언니들은 절대 권력의 엄마와 좋은 옷과 기회를 가졌음에도 콩쥐와 신데렐라를 시기한다. 그들의 시기심에는 단순히 물질의 소유나 기회의 획득만이 있는 것 같지는 않다. 그들은 무엇을 시기했던 것일까?

내 생각에 그들은 콩쥐와 신데렐라가 매우 불우한 처지에 있음에도 슬퍼하거나 낙담하지 않고 시키는 대로 일을 해내는 긍정적인 모습을 싫어했던 것 같다. 미움으로 감정이 불편해지면서 그런 불편한 감정을 느끼게 한 것까지도 미움의 이유가 되었을 것이다. '내가 너를 미워하는 건 네가 그런 행동을 하기 때문이야'라고 자신의 감정을 투사한 결과이다.

그들이 시기한 것은 그들에게는 없었던 내면의 긍정성이지 않았을까 한다. 그들은 콩쥐와 신데렐라에게 있는 내면의 긍정성을 파괴하고 싶었던 것 같다.

내가 다른 사람에게 시기 받을 일이 뭐가 있을까 싶지만, 누군가에겐 나의 어떤 부분이 부러움의 대상이 될 수도 있다. 나 역시도 누군가에게 시기심을 느낄 수 있다. 시기심을 느끼는 것 자체가 죄라면 이 세상에 죄인 아닌 사람이 있겠는가. 관건은 시기심을 어떻게 처리하느냐에 있다. 감정의 농도에 따라 시기심의 수준이 다르고, 그 수준에 따라 죄가 될 수도 있어서이다.

감정의 농도, 즉 시기심의 정도에 따라 시기심 수준을 정리해보았다.

- 마음 안에서만 들끓으며 자신의 자존감에 상처를 내거나 열등감을 키우는 수준
- 말로 표현되지는 않지만 표정이나 제스처, 행동으로 드러나는 수준
- 우회적인 방법으로 상대의 성과를 깎아내리거나 평가절하하는 수준
- 직접적인 방법으로 상대를 무시하거나 공격하는 수준
- 자신의 강함과 권위를 내세워 상대를 곤경에 빠뜨리거나 괴롭히는 수준

표현되는 수준이 다르더라도 시기심은 나와 너 모두에게 해로운 감정임에는 틀림이 없다. 외부로 표출된 시기심은 관계의 질

을 악화시키는 것은 물론 심하면 범죄로까지 확대될 수 있기에 위험하다. 내면에 머무는 시기심은, 정신분석가 비온의 말처럼 '마음이 그 자체를 공격하는 일종의 심리적인 자기면역장애'를 일으킬 수 있다.

🌿 시기심을 자극하는 비교의식 ～～～～

여기 양팔저울이 있다고 상상해보자. 이 저울의 한편에는 내가 앉아 있고, 반대편에는 살아가면서 만나게 되는 사람들이 오르락내리락한다. 쉴 새 없이 무게를 달아가며 저 사람은 나보다 나은 것 같아 위축되고, 이 사람은 나보다 못한 것 같아 안도한다.

서열을 세우기도 하는데 그 서열에서 자신의 순위를 확인하기 위해서다. 그런데 어쩐 일인지 자신을 서열의 끄트머리에 세워두는 사람이 많은 것 같다. 유리천장 같은 한계에 도전해가면서, 저울의 기울기에 의기소침해지는 사람도 적지 않다.

사회구조의 문제인지, 앞만 보고 달려온 무한경쟁시대의 소산인지 알 수 없지만, 전 국민 시기심 발생 경보가 울릴 판이다. 너무 단적인 표현이었을까? 요즘 사회를 보면서 떠오른 우리 사회의 이미지이다. 그런데 양팔저울은 상대적 결과만을 보여준다.

상대가 누구이고, 어떤 조건을 가졌느냐, 무엇을 올려두었느냐에 따라 기울기가 달라진다. 무엇보다 내가 본 측면의 조건만 저울에 올리기 때문에 절대치를 단정할 수가 없다.

시기심을 연구한 멜라니 클라인은 인간의 시기심은 출생과 함께 시작되었다고 말한다. 아기가 충분히 만족할 만큼 젖을 먹으면 어머니를 좋은 대상으로 여기는데, 그렇지 않으면 나쁜 대상으로 여겨 무의식중에 시기하는 환상을 갖게 된다는 것이다. 그녀는 갓난아기가 부분적으로(수유만으로) 인식한 어머니를 좋거나 나쁨으로 이분하다가 성장하면서 '좋음과 나쁨' 모두가 하나의 대상임을 알고 통합해가는 과정이, 이 시기심의 환상으로부터 나오는 것이라고 설명한다. 이렇게 부분적으로 인식한 대상을 부분대상, 통합해 인식한 대상을 전체대상이라고 한다.

클라인의 이론에 빗대어보자면 우리가 저울에 올린 기준들은 부분대상일 가능성이 크다. 우리는 상대가 보여주었거나 우리가 보고 싶은 부분만을 보게 되기 때문이다.

SNS를 예로 볼 수 있다. 개인을 표현하는 공간이 된 SNS는 핫플레이스를 다녀오고, 트렌디한 음식을 먹는, 일명 플렉스하기 위한 공간처럼 보인다. 대개 그 사진 속의 모습들은 행복하고 멋지다.

이것이 보여지는 부분대상이다. 시시콜콜 삶의 전체적인, 특히 말하고 싶지 않은 부분들까지 공개하는 사람은 드물다. 그래서인지 SNS를 보면 괜히 샘이 나기도 하고, 내 삶이 너무 건조해 보이기도 한다.

🌿 나로서 충분한 내가 되는 것

나는 시기심으로 인한 괴로움의 원흉(?)은 나와 남의 비교에 있다고 본다. 비교가 성장의 동기가 될 수도 있지만 누군가와의 비교로 내 삶이 작아지고, 나의 성과가 무색해지거나 내 가족을 초라하게 느끼는 건 내적 성장을 방해한다.

굳이 마음 안에 남을 들여 비교로 고단하기보다는 나로서 충분한 내가 되는 것은 어떨까? 나로서 충분한 삶. 나로서 충분한 내가 되어보는 것이다. 내가 나에게 집중하게 되면 딴 데 신경을 쓸 겨를이 없다. 더 이상 멀미나는 저울에 올라앉아 있을 필요도 없을 것이다.

성격유형을 설명하는 애니어그램에서는 유형마다 감정의 쓴뿌리가 있다고 설명한다. 감정의 쓴뿌리는 쉽게 바뀌거나 달라지지 않는, 오랜 시간 마음 깊이 뿌리내린 감정을 말한다. 내 유형의 쓴뿌리는 시기심이다. 내 감정의 쓴뿌리에 동의한다는 말은 '나는 시기심을 잘 느껴요. 그 감정이 들면 마음이 쉽게 힘들어져요. 그래서 그 감정을 최대한 경계해야 해요'를 인정하는 것이다.

몇 년 전 개그맨 김준현 씨의 유행어 중에 "아주~ 질투나~"라는 말이 있었다. 익살스러운 표정과 재치가 더해져서 질투난다는 말이 나쁜 의미로 느껴지지 않았다. 때론 마음 안에 드는 부러움이나 질투심도 그처럼 "질투나~"라고 말하며 가볍게 넘겨보는 것도 괜찮겠다. 부러워서 부러운 마음이 든 것인데 공연히 안 그런 척하다 어색해지는 것보다 낫지 않겠는가. 갖지 못한 것이 열등 조건이 아니라 서로 다른 것을 가진 것으로 이해하고 받아들이는 일은 나와 상대를 전체대상으로 통합해가는 과정 중 하나이다.

마음 스트레칭

혹시 흑백논리에 자주 빠지시나요? 마음에 여유가 없고 생각이 뻣뻣하게 굳은 것 같은 느낌이신가요? 그렇다면 마음의 유연성을 기르는 스트레칭이 필요한 때입니다.

스트레칭 1단계 _ 나의 스트레스 수준 알기

삶이 '모 아니면 도'나 '이것 아니면 저것'으로 구분되는 흑백의 세상이 아니란 걸 우리는 잘 알고 있습니다. 그런데 심리적 압박이 몰려온 스트레스 상황에서는 극단의 생각에 압도되어 버리는데요, 그것은 스트레스가 주는 긴장 때문입니다. 긴장한 상태에서는 몸과 마음, 그리고 생각이 경직되어 여유를 갖기 어렵습니다. 그래서 극심한 스트레스 상태일 때는 중요한 결정을 미루는 것이 좋다고 합니다.

유연성을 기르기 위한 첫 단계는 나의 스트레스 수준을 아는 것입니다. 매우 낮은 수준을 0점, 매우 높은 수준을 10점으로 하는 나만의 스트레스 바를 그리고, 주관적인 기준에서 평가를 해보는 것이 도움이 될 수 있습니다.

날짜	0	1	2	3	4	5	6	7	8	9	10점
21.1.1						✓					

- **스트레스바 예시**
  0점: 스트레스 자극이 거의 없는 평화로운 상태
  5점: 스트레스 자극으로 불편감을 느끼지만, 나의 노력으로 대처해갈 수 있는 상태
  10점: 극심한 스트레스로 대처하기가 어려운 상태. 내가 할 일은 도움 청하기!

스트레칭 2단계 _ 나를 위한 나만의 만트라 외우기

감정과 생각이 구석으로 몰린, 더는 버틸 수 없다고 느껴지는 순간에는 약간의 생각의 변화도 얼마나 어려운지 모릅니다. 생각은 극단을 오가고, 감정은 조급해지지요. 이때 극단적이고, 결론적인 생각의 틀에 '꼭 그렇지만은 않을 수도 있지 않을까?'를 붙여보면 어떨까요?

예를 들어 누구도 나를 원하지 않는다는 생각이 들 때 '꼭 그렇지만은 않을 수도 있지 않을까?'를 붙여보는 식입니다. 그런데 '누구도, 나를 원하지 않아'라는 생각이 견고해서 '꼭 그렇지만은 않을 수도 있어'가 들어갈 틈이 없는 경우도 있습니다. 그럴 땐 그냥 주문처럼 외워버려도 좋겠습니다. 어차피 누구도 나를 원하지 않는다는 것도, 반대로 그렇지 않을 수 있다는 것도 모두 나의 생각이니까요.

스트레칭 3단계 _ 반복하고 반복하는 훈련

이해되지 않는 일의 이면을 떠올리고, 경험에 한계를 넘어서는 일. 나에게 들어온 지금, 이 생각이 전부는 아니라는 여지를 남겨두는 일이 중요합니다.

인생은 입체적이어서 시작과 끝이 하나인 선이 아니라는 것. 그리고 '꼭 그렇지만은 않을 수도 있다'는 생각을 반복하는 훈련이 필요합니다. 체조선수가 유연성을 기르기 위해 밤낮 없는 훈련을 하는 것처럼 생각의 유연성을 기르는 일에도 훈련이 필요합니다. 평소 꾸준히 한 훈련은 위기상황에 생각의 경직 속도를 늦춰줍니다. 이렇게 길러진 유연성은 극단을 오가는 생각을 부드럽게 감싸 안을 수 있게 합니다.

뜨거운 감정 덩어리
분한 마음 대하기

> 대체로 분노의 표현은 자기중심적인 상황인식에서 일어나는데,
> 개인차가 있지만 그럼에도 상식적인 수준을 넘어서는 분노는 위험하다.

　뉴스에 가장 많이 등장한 감정단어가 있다면 '분노'가 아닐까?
빅데이터를 통해 확인한 것은 아니지만 지극히 주관적인 나의 체
감으로는 분노인 것 같다.

　분노는 어떤 이유로 일어난 건지, 어떻게 소화되었는지에 따라
쓰임새가 달라진다. 부당하거나 정의롭지 못한 일에서 오는 의로
운 분노는 사회를 변화시키는 힘이 되고, 개인의 삶을 변화시키
는 동기가 되기도 한다. 이런 분노는 문제의 해결을 목표로 하며
대개는 이성적인 방법을 선택한다.

반면 자신과 타인 모두를 위태롭게 하는 분노가 있다. 분노는 행동화되는 경향이 있어서 내면에서 시작된 화가 쉽게 외부로 표출된다. 대체로 분노의 표현은 자기중심적인 상황인식에서 일어나는데, 개인차가 있지만 그럼에도 상식적인 수준을 넘어서는 분노는 위험하다.

내성이 생기는 중독처럼, 분노표현에도 내성이 생긴다. 짜증에서 벼락같은 화로 표현의 방식과 강도가 세지고 분개하며 성을 내는 분노에서 감정이 폭발해 통제가 어려운 격노로 표출의 정도가 강해지기도 한다.

분노 정도를 수치화한 '분노 게이지(憤怒-gauge)'라는 말이 있다. 분노표출에 내성이 생길수록 분노 게이지도 높아지게 된다. 전에는 3만큼의 화를 내야 후련했다면 이제는 10만큼을 내야 속이 시원해지는 것을 느끼는 것이다. 그래서인지 화를 다스리는 건 중독을 치유하는 방법과 비슷하다.

'화를 다스리는 법의 정수(?)'라고 생각되는 동영상이 있어 잠시 소개해본다.

법륜스님의 즉문즉설 강연의 한 장면이다. 강연에 참여한 70대 남성이 화내는 버릇을 고치는 방법을 묻자, 스님은 그런 방법은 없으니 그냥 사시라고 한다. 그럴 수가 없으니 알려달라고 재차 묻자, 스님이 비방을 알려준다. 사람은 '죽었다 살아나는 경험'

없이는 바뀌기 어려우니 전기충격기를 사서 화를 낼 적마다 몸을 자극하라고 한다. 그렇게 자극하다 보면 무서워서 더는 화를 내지 못하게 된다는 것이다.

두 분이 주고받는 이야기에 웃음도 났지만, 스님의 그 비방이 참으로 탁월하다는 생각이 들었다. 사실, 스님의 비방은 '행동수정'의 원리를 담고 있다. 특정 행동을 수정하려고 할 때 그 행동을 강화하거나 또는 소거(사라지게)하기 위해 강화물을 사용하는 원리를 쉽게 설명한 것이다.

오랜 악습에서 벗어나려면 그것이 누적되어온 강도만큼, 아니 그보다 더 강한 뼈를 깎는 노력이 있어야 한다. 전기충격기로 비유되었지만 어쩌면 그보다 더 강한 자극이 필요할 수도 있다. 그 자극은 내 안의 변화에 대한 동기가 있을 때 비로소 유용해진다. 절실함, 간절함도 동기가 될 수 있다. 내면에 동기가 생겼다면 그다음은 분한 마음을 치유하는 노력이 뒤따라야 하는데, 앞서 뼈를 깎는 노력이라고 말한 것처럼 그 노력은 수행이라고 해도 과언이 아닐 것이다.

우리 모두가 전기충격기를 살 수는 없으니 자가치유를 위한 방법 중 몇 가지를 제안해본다.

✿ 분(성난 마음)을 삭이기 ～～～～～

엎드려 절하기

머리가 복잡하고, 마음이 흉흉할 때면 나는 절을 한다. 분노는 발산할수록 강해지고, 발산 후에 오는 후회와 자책감이 싫어서 납작 엎드리는 방법을 택했다. 엎드려 절하는 것은 마음의 분을 태워 재로 만드는 과정 같다.

108배를 하고도 마음이 어수선하면 조금 더 하거나 앉아서 명상을 한다. 오체투지 하듯 온 몸을 던지는 노력이 아니고는 화의 불길을 잡기가 쉽지 않다. 독한 녀석이 들어오면 좀처럼 사그라지지 않아 애를 먹을 때도 있지만, 그래도 화를 다스리는 데 가장 효과를 본 방법이다.

그림 그리기

미술치료를 공부한 친구가 권해준 방법으로 그림을 그리는 것이다. 화와 분노를 말이나 표정이 아닌 연필로 표출하는 방법이다. 정해진 틀 없이 나의 마음상태를 아무렇게나 그리면 된다고 한다. 나는 화가 난 상태에서 마음을 떠올리며 그림을 그리려니 화상(?)이 잘 떠오르지 않았다. 그리고 자꾸 잘 그리고 싶었다.

그래서 눈에 보이는 것을 그렸다. 가만히 앉아 당장 눈에 보이는 것을 아무렇게나 마음대로 그렸다. 데생하는 것과 비슷하다. 그렇게 보이는 것만을 보면서 그림을 그리는 행동만 하다 보니 들뜬 마음이 서서히 가라앉았다. (번아웃된 상태로 희망이 느껴지지 않을 땐 다 타서 검게 남은 재를 그려보라고 한다. 그림을 통해 묵은 감정을 완전히 태워내고, 거기에 새로운 움을 틔우는 경험을 해보는 것이 회복에 좋은 방법이 될 수 있다고 한다.)

화난 마음을 다스리는 데는 우선 몸을 움직이는 것이 좋다. 머리에 띠를 두르고 누워 있는 사람보다 씩씩거리면서 집에 있는 모든 그릇을 꺼내 닦는 사람이 화병에 걸릴 확률이 낮다. 분을 삭이라는 말은 화를 억압해 누르라는 뜻이 아니다. '지금 당장' 일어나 있는 분의 기운을 가라앉혀야 한다는 뜻이다. 그런 뒤에 생각을 할 수 있기 때문이다.

🌿 화나고 분한 마음을 애도하기

애통하는 마음

화낼 만했던 나의 속사정을 인정해주는 시간이다. 화나고, 분하고, 억울하고, 서러웠던 나의 마음을 애통한 심정으로 봐주는 것이다. 내가 그만큼 힘들었다고 소리쳐도 되고 울어도 좋다. 화나고 분한 마음일수록 공감 받는 경험이 필요하다.

누구도 몰라줄 것 같은 그 애통한 심정을 글로 쓰면서 눈물을 흘려보는 것도 하나의 방법이다. 종교가 있다면 자신이 믿는 신과 대화하듯 말하는 것도 괜찮다. 혼자 감당하기 어렵다면 전문 상담사나 믿을 만한 사람을 만나 이야기해도 좋다. 나의 속상한 마음을 글로 쓰고, 눈으로 읽고, 소리 내어 말하고, 귀로 들으며 눈물을 흘리는 모든 일이 마음을 청소하는 과정이다.

위로의 시간

감정은 스쳐 가는 바람과 같다. 분노는 격랑을 일으키는 태풍에 가깝겠다. 태풍이라 할지라도 그 역시 지나가는 바람일 뿐이다. 그 바람을 붙잡아 나의 주인이 되어 달라고 할 수 없는 것처럼 마음 안에 든 감정이 '나'일 수는 없다. 분노 후에 오는 자책이나 후회를 주인인 내가 연민의 마음으로 바라봐주는 위로의 시간이 필요하다. 누군가에게 위로받고 싶다면 '나에게 먼저!'

정신분석에서는 분노에 취한 사람을 치료하려면 애도의 감정을 겪을 필요가 있다고 말한다. 위로받지 못한 마음은 갈고리가 되어 사사건건, 시시때때로 걸리기 때문일 것이다.

🌿 마치 고친 것처럼 행동하기 〜〜〜〜〜

마치 그런 것처럼 행동하라

오랜 습관을 고치는 방법 중 이미 그 습관을 고친 것처럼 행동하는 방법이 있다. 감정-생각-행동은 자동화된 시스템으로 함께 돌아가는데 전과 다른 행동으로 감정과 생각에 변화를 꾀하는 방식이다. 평소 크게 소리치거나 난폭한 행동으로 분풀이를 해왔다면, 작은 소리로 말하는 부드러운 사람처럼 행동해보는 것이다.

'만나는 모든 이들에게 부드러워지기'와 같은 목표를 갖는 것도 좋다. 마치 화를 잘 내지 않는 사람처럼, 마치 친절한 사람처럼, 자신이 원하는 어떤 모습을 떠올려 적용해볼 수 있다. 사람이 변하면 죽을 때가 되었다는 말도 실제로 생명이 위태롭다는 뜻이 아니라 그만큼 변하기가 어렵다는 의미이다.

늦은 시간은 없다

알코올상담센터에서 일할 때였다. 80세 아버지의 음주 문제로 자녀가 상담을 왔었다. 술을 끊을 수 있도록 가족이 도와야 한다는 내용의 상담을 열심히 하고 난 뒤에 마음 안에 뭔가 확신이 서지 않는 느낌이 들었다. 마침 단주 중인 73세의 선생님 한 분이 센터에 오셨기에 마음에 확신을 갖고자 질문을 했었다.

"선생님, 70~80세 되신 연세 많은 분이 상담을 오실 때 제가 어떤 말씀을 드리는 게 좋을까요? 이제 나이가 70~80이 되었는데 뭘 굳이 힘들게 술을 끊고 삽니까. 마음 편하게 하고 싶은 거 하면서 살아도 되지 않겠습니까 하고 말하는 사람들도 있거든요."

"홍선생, 80이든 90이든 술 끊겠다고 오면 무조건 도와줘요. 나도 70 넘어서 끊었지만 술 마시면서 살 때랑 지금이랑 너무 달라. 하루를 살아도 이렇게 살다 가야 하는 거 같애."

더는 묻지 않고, 곧바로 "네!" 했다. 분노도 마찬가지다. 화가 가득 찬 마음으로 있는 대로 분노를 분출해가며 살아가는 삶과 그렇지 않은 삶의 차이를 느껴볼 기회를 얻는 데 결코 늦은 시간은 없다.

분노에 대하여

화가 났을 때, 여러분은 어떻게 대처하시나요? '화'는 마치 고삐 풀린 망아지처럼 제멋대로 생각과 마음 곳곳을 들쑤셔 사람을 기진맥진하게 만들어놓기에 잘 다스려 관리해야 하는 감정입니다. 자칫 그냥 두었다가는 몸집을 불려 분노가 되고, 더 커져 격노가 되어 통제가 어려워지기 때문입니다. 비슷한 듯 다른 세 단어를 국립국어원에서는 이렇게 설명합니다.

- 화火: 몹시 못마땅하거나 언짢아서 나는 성
- 분노憤怒: 분개(분하게 여겨)하여 몹시 성을 냄. 또는 그렇게 내는 성
- 격노激怒: 몹시 분하고 노여운 감정이 북받쳐 오름.

분노의 감정이 지나쳐 병이 된 것이 간헐적 폭발성 장애입니다. 흔히 분노조절장애로 불립니다. 격노가 주증상인 이 장애는 뇌 손상이나 술과 같은

독성물질이 유발요인이 되어 발생하는 뇌의 질환입니다. 이 외에 일부 인격장애에서도 상황이나 사건에 비해 심하게 화를 내거나 격노하는 증상을 보이기도 합니다.

어떤 이유에서든 격노한 감정은 매우 뜨거워서 자기를 포함한 주변에 화상의 상처를 입히게 됩니다. 스스로 통제하기 어려운 분노의 감정을 경험하고 있다면 전문상담을 고려해보는 것을 제안합니다.

충동조절장애(간헐적 폭발성 장애를 포함하는 장애) 자가진단

☐ 성격이 급하고 쉽게 흥분하며 금방 화를 낸다.

☐ 온라인상의 게임, 가상현실 속에서도 내 맘대로 되지 않아 화가 난 적이 여러 번 있다.

☐ 분노를 조절하기 어렵고, 어떻게 해야 할지 모르겠다.

☐ 잘한 일은 칭찬받아야 하고 그렇지 못하면 화가 난다.

☐ 다른 사람의 잘못을 꼭 짚고 넘어가야 하며, 이로 인해 트러블이 생긴다.

☐ 화가 나면 타인에게 폭언, 폭력을 가한다.

☐ 분노가 극에 달해 운 적이 있다.

☐ 잘못에 대한 책임을 타인에게 돌려 탓한 적이 있다.

☐ 화가 나면 주위의 물건을 집어 던진다.

☐ 다른 사람이 나를 무시한다고 느껴지고, 억울한 감정이 자주 든다.

☐ 화를 조절하지 못해 중요한 일을 망친 적이 있다.

☐ 일이 잘 안 풀리면 문제를 해결하기보다 쉽게 좌절하고 포기하는 편이다.

*1~3개: 어느 정도 충동조절 가능 *4~8개: 충동조절이 조금 어려움
*9~12개: 감정조절이 어려워 전문의와 심리상담 필요
**자가테스트를 위한 질문지일 뿐, 정확한 진단을 위해서는 전문의 상담이 필요합니다.

※출처: 삼성서울병원 홈페이지 (건강정보-건강이야기)

국내에 있는 분노에 관한 책을 살펴보니 크게 세 가지를 말하고 있었습니다. 화를 잘 표현하는 법, 화를 이해하고 다스리는 법, 화를 치료하고 관리하는 법. 그 핵심을 정리하면 이렇습니다.

'화를 누르면 화병이 되니 건강하게 잘 표현하는 것이 필요한데 그러기 위해서는 화를 이해하고 다스리는 법을 터득해야 한다. 화 다스리기의 실패로 불편을 겪고 있다면 조금 더 적극적인 방법으로 상담, 훈련, 치료를 받는 것이 좋다.'

나를 어떻게 생각하세요?
나에게 나를 묻다

나를 입체적으로 보는 것. 다르게 생각하는 것. 부드러운 시선을 갖는 것.
이것을 일상에서 실현해가다 보면 스스로 찍은 낙인은 흐려지게 된다.

다른 병과 달리 정신질환은 숨기는 경우가 많다. 숨기게 되는
여러 이유 중에는 자기낙인감이 있다. 자기낙인감은 부족한 나,
못난 나를 크게 비추면서 자신의 한계를 긋고, 더 나아질 것이 없
을 거라는 생각에 빠져들게 한다.

하지만 우리 모두가 아는 것처럼 '나'는 다양하다. 어떤 부분
에서는 못났지만 다른 부분에서는 잘났고, 못하는 것도 있지만
잘하는 것도 있다. 그런 점에서 우리는 다각도에서 자신을 볼 수
있어야 한다. 그 시선이 부드러울 수 있다면 더 없이 좋다. 부드

러움은 내가 나에게 괜찮다는 말을 하게 해주고, 마음에 온기도 실어준다. 그 부드러움으로 나를 돌아보는 시간이 필요하다. '나를 어떻게 생각하세요?' 이 질문은 남이 아닌 나에게 먼저 던져야 한다.

🌿 자아상에 대하여 ~~~~~~~~~~~~~~~~

준수한 외모에 명문대를 졸업한 30대 초반 R씨. 외모, 학력, 좋은 직장까지 두루 갖춘 그에게 한 가지 부족한 것이 있다면, 자신을 있는 그대로 볼 수 있는 눈이었다.

그는 자신이 못나게 보이는 렌즈를 끼고 있었다. 지하철을 탈 때면 사람들이 좋지 않게 보는 것 같아 숨이 막혔고, 이성이 호감을 보여도 믿지 못했다.

'나 같은 사람을 좋아할 리 없어.'

R씨와 같이 충분히 괜찮은 상황인데도 자신을 부정적으로만 인식하게 되는 때가 있다. 그럴 땐 자기개념의 영향은 아닌지 생각해볼 필요가 있다. 자기개념self-concept은 자기 자신에 대한 인

식을 개념화한 것인데 '나는 ○○이다'로 표현된다.

가령 '나는 여자다. 나는 직장인이다'처럼 자신을 설명하는 일종의 나에 대한 개념정리 같은 것이다. 상황, 역할, 관계, 주변사람, 직업, 가치관, 종교 등등, 여러 조건에 따라 다르게 정리될 수는 있지만 정리를 하는 주체는 자기 자신이 된다. 각각의 조건에 영향을 받아(또는 받지 않기도 한다) 스스로 정리한 것이 자기개념이며, 자기개념의 수는 사람마다 다르다.

다양한 자기 모습을 발견해 온 사람이라면 그만큼 개념화된 수도 많을 것이고, 특정 모습만 생각해온 사람이라면 개념화된 자기 모습도 제한적일 것이다.

얼마나 다양한 자기개념을 갖고 있고 또 수용하는가도 중요하지만, 그보다 어떤 자기개념을 갖고 있느냐가 더 중요하다. 그 내용이 너무 이상적이면 현실에 발을 딛지 못하게 되고, 부정적이면 일반적이고 객관적인 자기개념에까지 부정적 자기개념의 옷이 입혀져 마음을 오염시키게 된다.

[예] - 부정적 자기개념: 나는 별 볼일 없는 사람이다.
- 부정적 자기개념의 영향력: 나는 (별 볼일 없는) 여자다. 나는 (별 볼일 없는) 직장인이다.

성별과 직장인은 객관적인 사실일 뿐인데 부정적 자기개념이 더해서 일순간에 존재 자체가 별 볼일 없게 되는 놀라운 일이 일어난다. 자기개념은 거울과 같다. 그 거울에 비춰진 모습이 '내가 보는 나의 이미지' 즉, 자아상이며 나를 보는 렌즈가 된다.

심리학자 칼 로저스는 인간에게 스스로 성장하고 치유할 수 있는 힘이 있다고 믿었다. 그는 마음을 다친 사람이 스스로 치유하는 힘을 되찾아 갈 수 있도록 조건 없는 긍정적인 존중과 공감하는 마음, 진실한 태도로 돕는 것이 상담자가 해야 할 일이라고 했다. 이것을 내가 나에게 해보는 건 어떨까. 나를 잘 아는 사람은 나이니까, 내가 나의 상담자가 되어주는 것이다.

내가 나를 조건 없이 존중하고, 나의 상한 마음을 공감하며 자신에게 진실해지는 것이다. 내가 나에게 도움이 되는 일을 선택하고 내가 어떤 사람인지, 나를 어떻게 생각하는지 친절하게 정리해보는 것이다. 거울에 비친 단면이 아닌 입체적인 나를 보는 것이 자기이해의 시작이다.

정체성에 대하여

조울증이 재발하면서 죽을 것 같은 절박감에 찾아온 분이 있었다. 그분은 계속해서 자기를 의심하는 생각이 자신 안에서 든다고 했다. 자기의 말과 행동 하나하나를 의심하는 자기가 인식되어서 정체성이 박살나는 느낌이 든다고 했다.

그분의 구체적이고 명확한 표현에 놀랐다. 정체성이 박살나는 것 같다는 말은 한참동안 머릿속에서 떠나지 않았다. 정체성은 나다움을 의미한다. 생각, 감정, 행동, 욕구, 성격, 기질, 추구하는 모든 것들이 결정을 이룬 모습이라고 해야 할까. 그런 정체성이 박살난다는 건, 그 결정체가 산산이 부서져 혼돈의 카오스에 흩뿌려진 느낌일 것 같다.

정체성은 자기와 타인에게서 동시에 설명될 수 있는데 그 내용이 일치하기도 불일치하기도 한다. 내가 생각하는 나, 즉 '나는 이런 사람이야'라고 정리되는 것이 자기가 설명하는 정체성이다. 타인에 의해 설명되는 정체성은 외부로 표현된 자기 모습이다. 나의 스승님은 정체성을 그 사람이 보여주는 됨됨이라고 표현하셨다. 그보다 적합한 말을 찾지 못해서 스승님의 표현을 그대로 담아보았다. 내가 생각하는 나와 타인에게 보인 나의 됨됨이가 모여 정체성으로 드러난다.

정체성은 부동不動의 것이 아니며, 하나이지도 않다. 앞서 말한 자아상, 자기개념으로 정체성이 변하기도 한다. 또 만나는 사람, 관계, 맡은 역할에 따라서도 달라진다. 상황과 역할에 따라 달라지는 정체성을 역할정체성이라고 한다.

나에게 사회복지사는 직업적 역할정체성이다. 나는 이 정체성에 맞춰 사회복지사로 일한다. 집에서는 두 아이의 엄마와 한 남자의 아내로 역할정체성이 달라진다. 나는 각각의 역할에 맞춰 다르게 말하고 행동한다. 만약에 내가 남편을 엄마정체성으로 대하거나 아이들에게 사회복지사정체성으로 다가간다면 관계에 이상신호가 켜질 것이다. 역할정체성은 상황과 대상에 따라서 유연하게 발휘되어야 한다.

하지만 궁극의 나다움을 드러내는 자아정체성은 변화할 수는 있지만 상황과 대상에 따라서 쉽게 흔들려서는 안 된다. 역할정체성의 변화속도가 초침이라면 자아정체성의 변화속도는 시침으로 보면 될 것이다. 자아정체성은 천천히 변화해간다. 변화의 방향은 내가 가고자 하는 그곳이 될 것이다. 기억해야 할 점은 변할 수 있다는 것이다.

나는 가끔 누군가 "당신의 정체가 뭡니까?"라고 묻는다면 뭐라고 답할까 생각해본다.

🌿 자기확신에 대하여 ⸻⸻⸻⸻

사회초년생 시절을 회상하면 나는 자기확신이 많이 부족했다. 조직에서 권한과 책임에 한계를 찾아가는 데도 그랬고, 일대일로 맺어지는 상담에서도 그랬다. 특히 정신질환을 앓는 분과의 상담은 맨땅에 헤딩한 기분이었다. 대학을 졸업한 것밖에 없는데 도움이 되는 실천을 하는 일은 막막하기만 했다. 내가 하는 말과 실천들이 괜찮은 것인지, 제대로 하고 있는 것인지 하나부터 열까지 확신이 없었다. 우스갯소리 같지만 '나의 영향력은 그를 살리거나 죽게 하지 않는 아주 미미한 것'이라는 선임의 말이 위로가 될 지경이었다. 이때 나에게 절실했던 건 '이렇게 해도 되는 건가?'에 대한 답이었다. 제대로 하고 있는지를 확인받고 싶었다. 불안했기 때문이다.

나는 일을 하면서 자기 삶에서 수동적인 위치에 있는 사람들을 자주 보게 된다. 그들은 가족이나 다른 누군가에게 삶에 필요한 결정을 구한다. 판단과 결정에 확신이 서지 않기 때문이다. 자신의 말과 행동, 생각과 표현에 확신이 서지 않으면 자율적이기 어렵다. 잘하고 있는 것인지 확인이 필요하고 자신감도 낮아진다.

내가 만나는 분들은 내면에 확신도 부족한 데다 자의 반 타의 반으로 '자기결정의 권한'이 제한되어왔다. 큰 이유는 정신질환이다. 정신질환에 걸린 후로는 모든 정체성이 '정신질환자'로 결집되는 듯하다. 주변에서는 치료와 보호의 대상으로 생각하고, 당사자 역시 그 생각의 범주에서 쉽게 벗어나지 못하기도 한다. 병이나 장애가 개인의 정체성이 될 수도 없지만, 정신질환이 정체성처럼 여겨질 때 능동적인 삶을 살아가기란 쉽지 않다. 자기확신을 갖는 것 또한 마찬가지이다.

상황이 이렇다 보니, 스스로 결정하는 일은 정신질환을 앓는 우리들에게 매우 중요하다. 어떤 경우에는 삶의 결정 권한을 되찾기 위해 투쟁하기도 한다. 보통의 사람들은 잘 생각하지 않는 '나의 인권 수호'를 위한 교육도 받는다. 내가 내 인생을 사는데 생각보다 많은 노력과 의지가 요구되는 것이다. 소소한 것부터 직접 결정하고, 자신의 판단을 불안해하지 않아도 되는 환경을 만드는 것이 바로 나 자신이 해야 하는 일이다.

우리는 병에 가려진 진짜 정체성을 찾고, 삶에 자기확신을 더하는 경험을 쌓아가고 있다. 그 경험들은 저녁 메뉴를 고르는 것부터 원하는 일을 선택하고, 자립을 준비하는 것까지 다양하다. 나는 이러한 노력이 우리를 자기불안에서 자기확신으로 옮겨 줄 것이라 믿는다.

나에게 친절해지기

집단프로그램에서 '나는 누구인가?'라는 질문에 떠오르는 대로 모두 써 보기를 제안했었습니다. 열심히 적는 분들 사이에 펜을 놓고 계신 분이 있어 다 쓰신 건지 물어보았습니다. 그분이 보여준 A4용지에는 크게 '나는 나다.' 라고 쓰여 있었습니다. 순간 '아! 그렇지요' 했습니다.

무엇이 진짜 나인가를 묻는다면 그 모든 걸 느끼고 있는 나가 진짜 나라고 생각합니다. 우리는 때에 따라 '나이스'한 사람이 되기도, 못난 사람이 되기도 하니까요. 어떤 날은 뭐든 해낼 것 같은 자신감을 느끼다가도 또 어떤 날은 한없이 초라해 보이기도 하지요. 그 모습이 어떤 모습이든 간에 있는 그대로의 나를 품어 줄 수 있는 사람이 '자기-자신'인 사람은 행복합니다. 탄탄한 심지가 다사다난한 일들을 버텨낼 힘이 되고, 나로서 충분히 괜찮음을 느낄 수 있어서입니다.

행복의 수준은 만족의 수준에 정비례한다지요. 무엇보다 내가 나의 가장 든든한 지원군이 되어주는 것도 꽤 괜찮은 일이지 않을까요?

그런데 이런 만족감을 느끼는 사람이 그리 많지 않은 것 같습니다. 자기-자신과의 관계를 생각해본 일이 없거나 자기만족이 안주함이나 현실감각이 낮은 것으로 오해되기 때문은 아닐까 생각해 봅니다. 자기개념-자아상-정체성-자기확신. 이 모든 것은 나와의 관계에서 영향을 받습니다. 때문에 내가 나와의 관계를 좋게 맺는 일은 어떤 관계보다도 중요합니다. 저는 그 시작이 스스로를 부드럽게 바라봐주는 것이라고 생각합니다. 나에게 친절해지는 것 말입니다.

여행길에 비행기를 탄 적이 있습니다. 대각선 앞쪽에 앉은 분의 외투가 의자 끝에 아슬아슬 걸쳐 있더니 이내 통로로 떨어지는 것을 보게 되었습니다. 친절한 승무원은 그 외투를 주워 먼지를 턴 다음 가지런히 접어 그분에게 건넸습니다. 그분은 가볍게 인사를 하고는 외투를 구기듯 가방에 쑤셔넣었습니다. 외투의 주인은 대각선 앞쪽에 앉아 있던 그분이었습니다. 하지만 제가 본 그 순간에 그 외투를 소중히 다룬 사람은 승무원이었습니다.

비행기 승무원만큼의 친절함은 조금 과할까요? 아무래도 그건 좀 과할 수 있겠네요. 그만큼은 아니더라도 다른 사람에게 베푸는 정도의 친절함과 미소는 어떨까요? 약간의 긴장과 조심스러움이 있는 관계에서 베푸는 친절함과 미소를 생각해보는 것도 괜찮을 것 같습니다.

때론 약간의 긴장과 조심스러움으로 나를 대할 때도 필요합니다. 지금처럼 나를 함부로 대하거나 내게 무심하다가는 큰일이 닥칠 거라는 긴장이

4장

스스로를 돌볼 수 있게 하니까요. 남에게 무시당했다고 느낄 때는 격분하면서 정작 자신은 스스로를 무시하고, 남에게는 친절하면서 자신에게는 불친절할 때가 있기에 이런 의도적인 노력이 필요하다고 생각합니다.

남에게 친절한 만큼 나에게 친절해지기. 남에게 받고 싶은 배려를 내가 나에게 하기. 오늘부터 실천해보면 어떨까요? 자, 그럼 오늘부터 1일입니다.

마음을 돌보다, 마음이 쓰이다

자기돌봄과 회복

지독한 병인 알코올 중독과 조현병에서
회복한 사람들이,
지독한 병인 알코올 중독과 조현병으로
문을 걸어 잠근 사람들을 찾아간다.
이제 그 어둡고 긴 터널에서 나와
같이 걷자고.

마음을 붙드는 힘
스스로 세워가는 일상

> 의식주, 그 다음에 필요한 것은 무엇일까? 그저 하루를 보내지 말고,
> 나의 하루를 내가 살고 싶은 모양으로 만들어보자.

일상을 붙드는 힘은 루틴routine에 있다. 루틴이란 무언가를 꾸준히 지속해서 하는 것이다.

내 남편의 아침은 15년째 명상으로 시작된다. 겨울철 실내 온도가 떨어진 날엔 이불을 뒤집어쓰고도 한다. 그 모습에 몇 번은 깜짝깜짝 놀라기도 했다.

남편은 잡념이 들 때도 있고, 집중이 되지 않을 때도 있지만 일단 앉고 본다고 한다. 5분이든 10분이든 시간은 상관이 없단다. 내가 남편을 존경하는 이유 중 하나이다.

일상에서 의미를 찾자는 말을 종종 듣는다. 말의 의미는 이해되지만, 내 생각은 조금 다르다. 의미를 '찾는다'는 건 왠지 보물찾기처럼 느껴져서이다. 일상은 나의 것인데 내가 모르는 무언가가 감춰져 있는 것 같다. 그래서 '찾자'를 '만들다'로 바꿔보았다. '일상에서 의미를 만들다.'

쉽게 보이지 않는 의미를 찾으려 애쓰기보다 내가 의미를 만들어보는 건 어떨까. 일상, 다르게 말하면 나의 하루를 내가 살고 싶은 모양으로 만들어보자는 것이다. 필요하다면 작은 소품들도 넣어보자.

내 남편의 소품은 명상이다. 15년째이니 그 소품은 일상의 부속품일지도 모르겠다. 무엇이 됐든 그 소품은 남편의 일상에 유익하다. 내가 만드는 일상에 들어갈 소품이라면, 유용하지는 못하더라도 유익해야 한다.

그 소품들이 하나씩 자리를 잡아갈 때 일상은 풍요로워질 것이다. 무료하거나 허전한 일상을 보내고 있다면, 작은 소품을 들여놔보자. 소품은 소소할수록 좋다. 그래야 자리매김하기 쉽다. 어디서든 쉽게 할 수 있는 것, 나에게 유익한 것. 찾아야 할 것은 바로 이것이다.

🌿 일상 가꾸기 ⟿〜〜〜〜〜〜〜〜〜〜〜

내가 일하는 곳에서는 매년 1월 다함께 한 해의 목표를 세운다. 그리고 매월 목표가 어떻게 달성되고 있는지 점검한다. 개인이 세운 목표이지만 항상 교집합이 만들어진다.

- 체중감량 (이건 매년 반복되는 경우가 많다. 나도 그렇다.)
- 취업 (아르바이트라도)
- 금연 (절연이라도)
- 학업 (검정고시, 토익&토플, 어학, 한자, 자격증 취득, 대학교 복학 등)
- 규칙적인 운동 (쉬운 동작으로 하루 5분만이라도 꾸준히)
- 대인관계 개선 ('먼저 인사하기'부터)

보통 3~4개를 연간 목표로 정하고 실행에 옮긴다. 목표를 실행하는 과정이 항상 활기에 차 있는 건 아니다. 정신질환의 증상으로 고단하기도 하고, 마음의 상처로 지치기도 한다. 그런 중에도 목표를 기억하며 한 해를 보낸다.

그렇게 목표로 한 취업을 하고, 검정고시에 합격했다. 자격증을 취득하고, 학교에 복학도 한다. 운동경기 직관하기, 카페에서 책 읽기, 친구 만나 수다 떨기와 같은 여가생활도 즐긴다. 한 해의 목표였던 일들은 점차 일상이 되어간다. 이 소소한 것들이 우리가 원하던 것이고, 되찾은 일상이다. 이런 점에서 일상을 가꾸는 일은, 일상을 회복하는 일이기도 하다.

🌿 1인 가구의 잘 사는 삶

정신질환은 질병마다 차이는 있지만 보통 청소년기에서 성인 초기에 주로 발생한다. 증상의 호전과 악화가 반복되면 유병기간이 길어지고, 결혼 기회를 놓치게 되는 경우가 많다. 이들 중에는 혼자 잘 사는 법을 배우지 못한 채 1인 가구가 된 사람도 있다. 더 정확히 말하자면, 혼자 잘 사는 법을 배워본 적이 없는 것에 가깝다. 나이가 되면 결혼해서 가정을 이뤄야 한다는 말은 자주 들었지만, 혼자 잘 사는 삶을 이뤄야 한다는 말은 낯설다.

1인 가구로 잘 살기 위해 넘어야 할 가장 큰 산은 '집과 가정'에 대한 고정관념이다. 집에는 가족이 있을 거라는 생각, 나이로 결혼 여부를 단정하거나 부부에게는 당연히 자녀가 있을 거라는 생각들이 대표적인 고정관념이다. 범위를 조금 확장해본다면 이 산을 넘기가 힘든 이유는 더 찾을 수 있다.

최근 가족의 정의를 넓히는 법제화가 시작되기 전까지 우리나라의 '가족'에 대한 정의는 오랜 기간 혈연이거나 법적으로 인정된 경우(혼인, 입양 등)로 되어 있었다. 이 외에 생활을 같이하는 사람들은 식구 또는 가구로 구분되었다. 가족을 부부, 혈연 등으로 이루어진 집단의 형태로만 본다면 비혼인 부모와 자녀, 1인 가구, 동거커플과 그들의 자녀, 이혼한 부모와 자녀, 재혼가정은 기준에 못 미치거나 절반에만 해당했다.

이 밖에도 수급자가정, 다문화가정, 조손가정, 한부모가정, 장애인가정과 같이 이름이 붙여지는 가정이 있다. 가정은 가정일 뿐인데 군이 이름을 붙여 불러야 하는 이유는 무얼까? 이들 가정에 필요한 정책과 제도를 마련하기 위한 행정적 차원에서만 사용되어도 충분하지 않을까 한다. 한국인아버지-한국인어머니-장애가 없는 자녀로 구성된 가정에만 별다른 이름이 붙여지지 않는 건 한 번쯤 생각해볼 필요가 있지 않을까?

고정관념과 사회적 통념이 넘기 힘든 산이 되는 건 그것이 개인의 내적 기준에 지대한 영향을 주기 때문이다. 가정의 형태에서부터 시작된 상대적 박탈감은 마치 실패처럼 느껴지기도 한다. 그래서일까? 1인 가구인 분들과 혼자 잘 사는 삶을 이야기하다 보면, 혼자 사는 삶은 곧잘 혼자 있는 삶으로 전개되었다.

'잘 사는 삶'은 빠지고 '혼자'만 남는 것이다. 우리는 그 전개에 부딪혀볼 필요가 있었다. 혼자 사는 것과 혼자인 삶은 다르다는 것. 혼자 잘 산다는 것이 혼자 산다는 것 외에 다른 의미도 있다는 것을 알아야 했다. '혼자'에 집중하면 혼자인 것과 혼자가 아닌 것, '혼자'가 주는 느낌만을 생각하게 되고, '잘 사는 삶'에 집중하면 무엇이 잘 사는 삶인가를 생각하게 된다. 우리가 집중해야 할 것은 '무엇이 잘 사는 삶인가'에 있다.

아직 그 답을 알기엔 충분하지 못하지만 기본이 되는 두 가지 원칙이 있다.

첫 번째는 가사 관리이다. 청소와 정리정돈, 세탁과 같은 일을 하는 것이다. 집안의 공기를 쾌적하게 하고, 적정한 온도를 유지하며 해충이 생기지 않게 관리하는 일도 포함된다. 가사 관리에 손을 놓기 시작하면 나중에는 손댈 엄두가 나지 않는다.

이따금 그런 상태에서 도움을 요청하는 분의 집을 방문할 때가 있다. 발 디딜 틈 없이 차 있는 쓰레기를 하나씩 밖으로 꺼내면서 들어가야 했던 집도 있었고, 온 집안이 더러워서 신발을 신고 생활하는 집도 있었다.

병리적으로 쓰레기를 모으는 증상 때문이 아니라 하루하루 청소와 정돈, 세탁을 미루다 보니 그렇게 된 것이다. 자라는 동안 집안일을 하는 법을 배우지 못한 탓도 있다. 집안 상태가 엉망이 되면 일상의 규칙도 쉽사리 무너진다. 내가 사는 공간을 쾌적하게 유지하는 것은 잘 사는 삶의 가장 기초이다.

두 번째는 식사 관리이다. 나를 위해 밥을 짓는 일이다. 얼마 전한 친구가 혼자서 초밥을 시켜 먹었는데 혼자 먹어서인지 영 맛이 없었다고 했다. 혼자 먹으면 정말 맛이 떨어지는 걸까?

1인 가구가 증가하면서 혼밥, 혼술과 같은 혼자 하는 무언가의 줄임말 표현이 늘었다. '혼밥'이란 말은 밥은 여럿이 먹는 것이라는 전제를 두고 생겨난 말이다. 둘밥, 셋밥이라고는 하지 않는다. 밥은 그냥 밥인데 이런 관념들이 혼자 먹는 밥을 맛없게 만들고 있는 것은 아닐까 생각해본다. 물론, 혼자 먹는 밥이 맛있는 사람도 있다. 나처럼.

혼자 먹든, 둘이 먹든 상관없이 나의 식사를 내 취향과 영양에 맞게 준비하는 일은 잘 사는 삶을 유지하게 한다. 식사관리가 무너지면 건강이 무너지는 건 시간문제다. 건강을 유지하는 것은, 곧 잘 사는 삶을 유지하는 것이다. 가사 관리와 식사 관리를 토대로 그 위에 더 나은 삶을 그려나갈 수 있게 된다.

- 하루 일과를 짜임새 있게 보내는 것
- 사람들과의 적정한 관계를 유지하는 것
- 자신이 하고자 하는 일과 해야 할 일을 하는 것
- 자기 자신으로서 충분한 삶을 사는 것은 삶의 질을 높이고, 일상을 더욱 탄탄하게 만든다.

혼자 사는 삶은 고립이나 단절이 아니라 형태의 차이이다. 그 다양성의 차이를 인정한다면 '혼자'와 '잘 사는 삶' 중 무엇에 집중할지 결정하기가 쉬워질 것이다.

욜로 라이프, 일상을 채운 소확행

욜로 라이프(You Only Live Once, Life)는 지난 몇 해 동안 사람들에게 자주 회자된 용어로 삶을 대하는 우리의 자세를 생각하게 합니다. 이 속엔 당신의 인생은 단 한 번뿐인데 어떤 삶을 살겠냐는 질문이 숨겨져 있습니다. 여기에 소확행을 더하면 '한 번뿐인 인생, 소소하지만 확실한 행복을 느끼며 사는 삶' 정도로 풀이될 것 같습니다. 경제력, 사회적 입지, 성취 그리고 정신질환과 상관없이 나만의 소확행을 느끼며, 욜로 라이프를 살아갈 수 있다면 어떨까요?

"말이 쉽지. 그게 어디 뜻대로 되나요?"

"자기 멋으로 사는 세상이라지만 그것도 어느 정도가 갖추어졌을 때 하는 이야기죠."

혹시 이런 생각이 들진 않으시나요? 어쩌면 소확행, 욜로 라이프는 이런 생각에 저항하기 위해 만들어진 말이 아닐까 합니다. 많은 사람들이 이런 생각으로 세상사에 지쳐가고 있으니까요 쇼윈도 같은 SNS도 소확행과 욜로라이프를 방해하는 데 한몫한 것 같습니다.

여기서 잠시 철학자 최진석 교수님의 강연 '자기 자신의 주인으로 산다는 것'을 소개해봅니다. 강연은 주체력 회복에 관한 내용으로 자신의 주체력을 찾는 일이 왜 중요한지를 설명합니다. 그것이 곧 자기 자신의 주인으로 사는 힘이 되기 때문이지요. 강연에서 말하는 주체력 회복을 위한 방법을 몇 가지 전해드립니다.

첫째, 자신의 기준을 세우라! 우리가 남의 평가에 절대적으로 의존할 수밖에 없던 이유는 내 기준이 없기 때문이라는 것입니다. 강연자는 삶의 경계에 서서 기준을 만들라고 말합니다. 기존의 삶과 추구하는 삶의 경계에 설 때 지금-자신의 모습을 볼 수 있고, 그 경계에 서야 나만의 기준을 만들어 갈 수 있는 까닭으로 이해할 수 있습니다.

둘째, 야성을 되찾아라! 저는 한동안 야성이란 말에 머물렀습니다. 야성? 동물적인 본성 같은 건가? 한참 그 의미를 생각한 끝에 쉽게 굴복되거나 흔들리지 않을 것 같은 기상, 단전 깊숙한 곳에 자리한 배포, 그런 것이 야성이지 않을까 나름대로 생각해보았습니다.

셋째, 직접 부딪쳐 경험하라! 장자의 '윤편' 사례에서는 직접 부딪쳐 체득한 경험만이 지혜의 알곡이 된다는 것을 알려줍니다. 누군가의 깨달음을 담은 책은 경험의 결과만을 남긴 찌꺼기일뿐 농축액은 경험한 삶에 있다는 설명입니다. 인생을 살 때 그 찌꺼기에 기대어 쉽게 가려 하지 말고, 자기의 힘으로 진한 농축액을 만들라는 가르침으로 받아들였습니다.

강연자는 "우리 모두 남에게 충고하지 맙시다. 그리고 충고 듣지 맙시다" 라는 말로 끝을 맺습니다. 주체력은 밖으로 표현되는 것이 아닌, 내면에서 차오르는 것입니다. 때문에 주체력을 회복하고 기준을 세우는 일에는 나로 서 충분히 괜찮다는 믿음과 다양한 삶의 형태를 자연스럽게 공감할 수 있 는 문화가 필요합니다. 그러기 위해서 우리는 아마도 서로에게 조금 더 부 드러워져야 할 것 같습니다.

마음관리
반복에 반복을 거듭하는 마음관리

> 마음의 치유와 회복은 과정이다. 산의 정상처럼 고정된 목적지가 아니며,
> 한번 올랐다 해서 그곳이 정점이 되는 것 또한 아니다.

침울한 표정으로 찾아온 M씨는 많은 것이 좋아졌다고 생각했는데 다시 우울감에 빠지면서 원점으로 돌아간 것 같다고 했다. 우리는 정말 원점으로 돌아온 건지, 1점의 차이도 없는 건지, 그 원점이란 곳은 어딘지를 캐내듯 생각해봤다.

M씨가 말한 원점을 0점으로 두고, 좋아진 것과 그렇지 않은 것으로 ±1점씩 점수를 매겨가며 계산기를 두드렸다. 나는 자신감 있게 원점은 아닐 거라고 말하며 계산기를 두드렸고, 다행히 결과는 1점이었다. 천만다행이었다. 0점은 고사하고 마이너스가 됐

다면 어쩔 뻔했는지 1점이 그렇게 고마웠다.

상한 마음이 치유되는 과정은 조금 더디다. 때론 다 해결된 것처럼 느껴졌던 상처가 케케묵은 존재감을 드러내기도 한다. 그럴 때면 그동안의 노력이 허사가 된 것처럼 느껴지기도 한다. 하지만 애쓴 노력이 결코 허사가 되는 일은 없다. M씨와 설정한 원점은 0점이었지만 그 원점은 상담을 시작한 초기 시점이었고, 그 전의 상황은 마이너스였다. 그러니 플러스의 세계로 들어온 1점이 얼마나 귀했겠는가.

1점은 회복의 경험이 되어 자신만의 치유도구로 재활용된다. 살아가는 동안 마음 상할 일이 한 번뿐은 아니기에 이 도구가 유용하다. 그 경험들이 쌓이고 다져지면서 삶을 살아낼 내공을 만들어간다고 생각한다. 그 연장선에서 상한 마음을 치유하려는 노력이 삶을 대하는 태도가 된다면 어떨까. 살아가는 동안 갖춰가야 할 태도로 여긴다면 치유 결과에 매이지 않을 것 같다.

이때 챙겨야 할 것은 나의 마음이고, 경계할 것은 빨리 해결하고 싶은 조급증과 끝을 내고 싶은 강박감이다. 어떤 일은 끝내려 하지 않는 것이 끝이 되기도 한다. 그저 꾸준히 마음을 살피고, 마음을 챙기며 어제보다 나은 나를 만들어가는 데 집중할 수 있다면 그뿐이다.

🌿 구방심, 잃어버린 마음 찾기 ～～～～～～～

"지난 한 주, 어떤 마음으로 지내셨나요?"

매주 90분씩 조현병, 우울증, 조울증이 있는 분들과 집단 상담을 한다. 일주일 동안 어떤 생각이 마음에 찾아왔는지, 마음을 어지럽히거나 오염시킨 감정은 없었는지 점검하는 시간이다. 마음을 움직이는 감정과 상황 그리고 그 마음의 상태를 알아가는 것이다.

마음을 알아가는 것은 단순히 마음 상태를 확인하는 데서 그치지 않는다. 마음을 놓치게 된 이유가 있을 테니 다시 잃지 않기 위해 몇 가지 정비를 하게 된다. 자신을 바라보는 시선에 변화를 주거나, 자기돌봄의 방법을 찾는 것이다.

타인의 시선에서 나의 시선으로, 타인의 평가에서 나의 위로로 옮겨가는 일을 반복한다. 그리고 속상한 일, 좋은 일, 그저 그런 일들 속에서 그 중심을 살아가는 나를 발견해간다.

구방심求放心은 '잃어버린 마음을 찾는다'는 뜻이다. 맹자는 학문의 도道는 구방심, 즉 잃어버린 마음을 찾는 것이라고 했다.

늘상 손에 쥐고 다니는 휴대전화가 안 보이면 연신 '어디에 있지'를 중얼거리며 찾아다녔던 내 모습이 생각났다. 출근길에 집에 두고 온 걸 아는 날엔 차를 돌리기도 했다. 딱히 연락 올 곳이 없는데도 왠지 챙겨둬야 할 것 같은 생각 때문이었다. 휴대전화의 자리에 마음을 두고 생각해보았다.

나의 마음이 어디에 있는지를 찾아본 적이 있었는지, 왠지 마음을 챙겨둬야 할 것 같아서 온 길을 되돌아 가본 적은 있었는지 나에게 물었다. 금세 피식 웃음이 나왔다.

'휴대전화는 늘상 손에 쥐고 다녔으니까 없는 걸 알지. 내가 마음을 늘상 들여다보기는 했었나.'

사람이 닭이나 개를 잃어버리면 곧 찾을 줄 아나
잃어버린 마음은 찾을 줄을 모른다.
학문의 도는 다른 것이 아니다. 그 잃어버린 마음을 찾는 것뿐이다.
－맹자 <고자>

🌿 Holding, 안아주기 ～～～～～～

오랜 시간 소아정신과에서 아이와 엄마를 만난 정신분석가 위니캇은 진료실을 찾은 엄마들에게 이런 제안을 했다고 한다. "아이를 잘 기르고 싶다면 웃어주고, 터치해주고, 안아주는 것이 필요하며, 완벽한 엄마가 아닌 보통의 엄마(good enough mother)면 충분하다."

마음을 안아주는 것은 마음을 찾는 것만큼이나 중요하다. 안을 수 있고, 안길 수 있는 공간인 품은 '안전함에 대한 믿음'을 심어준다. 크게 두른 팔이 안전한 울타리가 되어 편히 기대어 쉴 수 있는 곳, 자유롭게 마음을 표현해도 괜찮고 호기심에 여기저기 두드려 보아도 안전하게 담아주는 곳이 되어주면 믿음은 자라기 마련이다. 그 믿음이 세상을, 사람을, 그리고 자신을 믿는 든든한 토양이 된다.

이 믿음은 어릴 적에 경험할수록 좋지만, 만일 그러지 못했다면 그 필요를 느낀 때가 또다시 찾아온 적기이다. 그 필요가 외로움, 고독감, 텅 빈 느낌과 같은 강력한 감정으로 왔을 때는 그 마음을 안아줄 여력이 없을 수도 있다. 어쩌면 자신에게는 그럴 힘이 전혀 없다고 느껴질 수도 있겠다.

만약 그렇다면 그럴 땐 아무것도 하지 않고 가만히 있는 것도 괜찮다. 해가 되는 행동을 하지 않는 것만으로도 제자리를 지킬 수 있기 때문이다.

자기 자신이 마음에 들지 않아서 도무지 안아줄 수가 없다는 분도 있다. 그 심정을 모르는 바는 아니지만 그 상태로 있을 때 회복은 정말 어렵다. 자기 자신을 싫어하면서 힘든 상황에 처한 자신을 스스로 돕는 일은 어렵기 때문이다.

나를 돌보는 마음에 완벽한 준비가 필요한 것은 아니다. 돌보고자 하는 결정이면 충분하다. 보통 사람들의 보통 시선으로 나를 봐주는 것만으로도 좋다. 안아주는 품은 요람처럼 안락하고, 요새처럼 안전해야 한다. 홀로 있는 것이 안전하고 안락할 때 나는 나에게 안아주는 환경이 되어줄 것이다.

🌿 양생, 정성껏 일상을 돌보다

양생養生은 일상생활에 정성을 들인다는 의미이다. 팡차오후이 교수는 책 『나를 지켜낸다는 것』에서 양생의 개념을 쉽게 설명해주고 있다. 양생사상은 북송의 현인 정호가 주창한 것으로 일상의 생활 하나하나가 나를 바르게 기르는 양생과 관련있다는 사상이다.

이 사상은 맹자가 말한 수양과도 맥을 같이 한다. 맹자는 수양을 설명하면서 인격의 성장은 생명의 성장과 같은 원리를 따르기 때문에 어느 한 순간에 만들어지는 것이 아니며 충분한 시간과 과정이 필요하고, 항심과 같은 의지력도 필요하다고 했다. 그것이 곧 인격의 발전을 이룬다고 본 것이다.

정리하자면 수양, 양생, 나를 돌보는 것은 시간과 인내심이 필요한 점진적인 성장의 과정이다. 2,300년 전의 이야기가 지금도 전해지는 것은 아마도 사람 사는 법이 시대와 문화와 이념을 초월하기 때문인 것 같다.

나는 양생사상에서 특히 '정성껏'이란 표현이 좋았다. 정호는 양생사상을 설명하면서 한 잔의 차를 마실 때도 정성으로, 음악을 들을 때도 정성으로, 음식을 먹을 때도 정성껏 해야 한다고 했다.

빠르게 해치웠던 식사와 의식 없이 꿀꺽꿀꺽 들이켰던 커피가 생각났다. 나는 그것들이 내 몸에서 어떻게 흡수될지 미처 생각하지 못했다. '습관 따로, 건강 따로'인 나의 생활은 양생과는 거리가 멀었다. 마음을 다스리는 일 또한 마찬가지였다. '의식 따로, 행동 따로'였다.

건강하기를 원한다면 건강을 위한 습관을 기르고, 바른 마음가짐을 원한다면 의식과 행동을 정성껏 돌봐야 했다. 정성은 들이지 않고 자연히 그렇게 되기를 바라고 있던 나를 반성한다. 삶에도 정성이 필요하다. 정성으로 일상을 대하고, 마음을 가꾼다면 삶의 결이 조금은 부드러워질 것 같다. 마음의 결, 삶의 결을 다듬어 가는 일이 나를 기르는 일, 즉 양생이 아닐까.

진실로 잘 기르면 자라지 않는 것이 없고,

진실로 기르지 않고 내버려 두면 사그라지지 않는 것이 없다.

-맹자 <고자>

　마음관리는 잃어버린 마음을 찾고, 그 마음을 보듬어 잘 자라게 해주는 과정이다. 이 모든 일은, 마음을 챙기고 나를 보살피기로 한 결심에서 시작된다.

마음을 받쳐줄 비계를 설정하다

마음이 무너진 것은 알겠는데 어떻게 세워야 할지 모를 때는 마음을 받쳐줄 비계를 설정해보는 것도 좋겠습니다. 거푸집으로도 해석되는 비계 scaffolding는 높은 곳에서 공사할 수 있도록 임시로 설치한 가설물이나 발판을 말합니다. 건물이 세워질 수 있도록 받쳐주는 역할을 합니다. 심리학에서는 교육심리학자 비고스키의 이론을 쉽게 설명하기 위해 비계라는 용어를 차용하고 있는데, 아이가 스스로 문제를 해결하고 마음을 세워갈 수 있도록 성인이나 유능한 또래가 비계를 설정해주는 것입니다.

심리학에서 비계를 설정한다는 의미는 직접 도움으로 문제를 해결해주는 것이 아니라, 그가 스스로 할 수 있도록 발판이 되어 주는 것을 말합니다. 그렇다면 무엇이 비계가 되어줄 수 있을까요?

첫째, 책이 도움이 될 수 있습니다. 이미 그 과정을 거친 사람의 노하우를 얻을 수도 있고, 사유하며 스스로 방법을 찾아가도록 돕기 때문입니다.

둘째, 책보다 조금 더 적극적인 방법으로 신뢰할 수 있는 사람과의 대화나 상담입니다. 전문상담가가 아니더라도 믿고 이야기를 나눌 수 있는 사람과의 대화는 분명히 도움이 됩니다. 섣부른 조언이나 충고가 없다면 더 좋겠지요. 가능하다면 조언이나 충고 없이 나의 말을 들어달라고 부탁하고, 이야기를 시작해보는 것도 괜찮은 방법입니다. 보통 우리에게는 답이 정해져 있는 경우가 많으니까요. 주변에 사람은 있지만, 하소연하기엔 미안한 마음이 든다면 전문상담기를 찾는 것도 좋습니다.

셋째, '있는 그대로의 나'를 경험해보는 것입니다. 정신분석가 위니캇에 의하면 인간에게는 강력한 자기회복능력이 있다고 합니다. 마음에 결핍을 채워 온전한 자신을 회복하고자 하는 욕구가 누구에게나 있다는 것입니다. 위니캇은 이때 타인과의 관계에서 갖는 '자기'의 경험이 결정적으로 중요하다고 했는데요, 그것은 있는 그대로의 모습으로 타인과 관계를 맺고 어울리는 경험을 의미합니다. 여기서 초점은 '남이 나를 받아들이는가'가 아니라 '내가 나를 어떻게 표현하는가'에 있습니다. 있는 그대로의 내 모습을 적어보고(List up) 하나씩 실천해보는 것은 매우 적극적인 비계설정이 됩니다. 내가 나의 비계, 즉 나의 성장을 위한 발판이 되어주는 것입니다. 책이든, 대화든, 상담이든 그 후에 나와의 대화로 마무리하기를 권해드립니다.

마음의 키를 자라게 하는 양분은 다양한데, 그 양분의 흡수를 돕는 볕이 없다면 아무 소용이 없겠지요. '있는 그대로의 나'를 경험해보기로 결심하셨다면 한 가지만 기억해주세요. 나에게 시비 걸지 않기!

다시 쌓는 대인관계
대인관계에 대한 프레임을 바꾸다

> 내가 있음으로 관계도 있는 것이기에 나 자신과의 관계가 좋아지면 타인과의
> 관계는 자연스레 좋아지기 마련이다.

좋은 관계를 맺고 싶은 마음은 누구에게나 있는 기본 욕구이다. 심리학자 매슬로는 인간에게는 다섯 가지 욕구가 있으며, 이는 다시 생존에 필요한 결핍욕구와 삶을 성숙하게 만드는 성장욕구로 나뉜다고 했다.

인간은 누군가에게 비친 자신을 보면서 존재의 의미를 찾는다고 한다. 이때 자신의 존재를 비춰주는 사람이 스치는 행인일 수는 없다. 대개는 특별한 관계를 맺고 있는 누군가이다. 부모, 자녀, 형제, 배우자, 동료, 친구, 스승 그리고 자기 자신도 된다. 이들

관계에서 소속감과 애정을 추구하는 것은 매슬로가 말한 인간의 기본적인 욕구 중 하나이다.

좋은 관계를 맺고 누군가에게 특별한 사람이 되고 싶은 소속과 사랑의 욕구는 결핍욕구에 속한다. 필수적인 욕구라는 의미다. 이런 이유에서인지, 소중한 관계일수록 그 관계가 어그러지거나 욕구가 결핍되면, 먹고 자는 일에 문제가 없더라도 생존에 위협을 느끼게 된다.

관계는 사람을 고독하게도, 행복하게도 한다. 관계는 살아 움직이는 것이어서 어떤 관계를 맺고, 어떻게 유지하는지를 주기적으로 살펴야 한다.

내가 만난 대부분의 사람들은 좋은 관계를 원하고 있었다. 좋은 관계를 맺고 싶어서 자신을 희생하기도 하고, 상대에게 모든 것을 맞추기도 했다. 그런데 너무 많은 희생과 노력 때문인지 좋은 관계는 힘든 일이 되어 있었다. 좋은 관계를 맺는 것만큼이나 중요한 것이 좋은 관계를 감별하는 일이라는 걸 놓친 것이다.

"어떻게 그럴 수가 있어요?" 대인관계에서 화가 난 사람에게 가장 많이 듣는 말이다. 애정은 온 마음을 쏟는 감정이기 때문에 그 감정이 철회될 때도 온 마음을 쏟아 미움이 일어난다. 마음을 크게 준 상대일수록 이심전심以心傳心을 기대해서 더 서운하고 화도 난다.

상대에게 자신이 그 무엇보다 특별하기를 바라는 마음에서다. 이런 기대들이 한데 섞여 나의 마음과 상대의 마음을 구분하지 못하기도 한다. 상대로 인해 나의 마음이 이렇게 되었다고 느끼거나, 상대의 마음이 이러저러할 것이라고 단정해버리는 일이 생긴다. 그러다 보니 상대의 마음을 넘나드는 침범이 아무렇지 않게 일어난다. 서로의 영역을 보호해줄 경계선에 문제가 생긴 것이다.

나라와 나라가 평화로울 수 있는 것은 국경선이 명확하기 때문이다. 서로의 국경선을 넘지 않을 때 평화가 유지된다. 사람의 관계도 마찬가지다. 서로의 경계에 대한 인정이 필요하다. 적정한 거리에 섰을 때 서로를 잘 볼 수 있게 된다. 때에 따라 그 거리를 잘 조절해야 하며 함부로 침범해서는 안 된다. 가까운 사이일수록 더욱 그렇다.

그런데 사람들은 가까운 사이일수록 이심전심을 원한다. 말하지 않아도 딱 알아차리기를 바라는 것이다. 마음을 몰라주는 상대에겐 서운함 가득 묻은 말씨로 "그걸 말해야 알아?"라고 톡 쏘기도 한다. 그런데 이심전심은 가까움만으로 일어나는 것이 아니다.

이심전심이란 말의 시작은 오래전에 부처님이 설법하실 때로 거슬러 올라간다. 부처님의 설법을 듣기 위해 군중이 모여들었는데 부처님은 아무 말씀 없이 꽃을 한 송이 들었다. 사람들은 그 의미를 몰라 고개를 저을 때 먼발치에 있던 제자 가섭만이 미소를 지었다고 한다. 제자 가섭이 부처님과 가깝고, 친한 사이여서 미소를 지은 건 아닐 것이다. 오랫동안 가까이서 부처님 말씀을 듣고, 따르고, 존중을 해왔기 때문에 작은 몸짓 하나에도 그 의미를 헤아릴 수 있게 된 것이라 생각한다.

나는 그간 이심전심을 누군가가 상대의 마음을 헤아려주는 것으로만 여겼다. 이심전심이 일어나는 과정에 대해서는 깊이 있게 생각하지 못했었다. 다시 생각하고 보니, 이심전심은 가까이에서 상대의 말을 귀담아듣고, 존중하는 마음이 있을 때 일어나는 능동적인 감정이었다. 그리고 그건 상대의 마음을 헤아리려는 마음이 있을 때 가능하다.

🌿 리프레이밍, 상대의 마음을 헤아리다 〰️

상대의 마음을 헤아린다는 것은 상대가 가진 생각의 프레임을 이해해가는 과정이다. 프레임(frame)을 직역하자면 틀이다. 생각의 기초가 되는 어떤 구조나 틀을 의미하는데, 상담에서는 관점이나 사고의 맥락 등의 뜻으로도 사용된다.

사람들은 의사소통에서 자신의 프레임으로 상대의 메시지를 해석하고 접수한다. 이 과정을 프레이밍이라고 하는데, 이렇게 프레이밍된 내용이 내가 상대에게 들은 메시지가 된다. 당연히 상대도 마찬가지이다.

내가 전하고자 하는 메시지를 100으로 둔다면, 나의 입을 통과하면서 말 습관이나 의도와는 다른 표현으로 희석되어 75로 낮아진다. 그렇게 입 밖으로 나온 메시지는 상대의 귀를 통과하면서 일부 탈락된다. 상대에게 듣고 싶은 말이나 유독 남는 표현들이 있어서이다. 선택적 듣기로 남은 50 정도의 메시지만이 상대의 프레임으로 해석되는데 이 과정에는 변수가 있다. 상대가 가진 프레임에 따라 이해와 해석이 달라질 수 있고, 오해나 왜곡이 일어날 수도 있어서이다.

그렇게 프레임을 거쳐 해석된 메시지가 상대에게 접수된 나의 메시지가 된다. 내가 전하고자 했던 메시지와 상대에게 접수된 메시지의 일치율이 얼마나 될지는 물음표이다. 비유적 표현이기는 하지만 그만큼 있는 그대로 나의 마음을 전하기도, 상대의 마음을 헤아리기도 쉽지 않다는 의미이다.

오해가 쌓인 사이라면 선택적 듣기(selective hearing)가 많아져 의사소통이 복잡해진다. 이런 이유에서 누군가와 소통을 원한다면 먼저 나의 프레임을 알아야 한다. 그동안 다른 사람의 말과 행동에 어떻게 반응해왔는지를 돌아보면 자신의 프레임을 아는 데 도움이 된다.

상대의 의도와 다르게 해석한 일들이 많았다면 해석된 내용을 살펴보자. 해석된 메시지 안에 나의 프레임이 녹아 있기 때문이다.

그런 후에는 상대의 프레임을 살펴야 한다. 모든 사람의 프레임을 다 살필 필요는 없다. 내가 소통하고 싶은 사람, 나에게 의미 있는 사람에 대해서만큼은 그의 프레임을 알기 위한 노력이 필요하다. 상대의 프레임을 안다는 건, 프레임이 만들어진 그의 경험과 생각도 함께 알아간다는 걸 의미한다.

서로 다른 프레임을 인정하면, 같은 일이 다르게 해석되는 것을 이해할 수 있게 된다. 조금 더 나아가 상대의 프레임으로 상대를 이해하려 하면, 이해되지 않는 일이 줄어든다. 이건 갈등을 줄이는 방법이 되기도 하고, 공감의 기초가 되기도 한다.

서로의 프레임을 알고 메시지 일치율을 높이기 위해서는 프레임에 변화가 필요하다. 편안한 생활을 위해 집을 리모델링하듯이, 편안한 관계를 위해 기존의 프레임을 리프레이밍하는 것이다. 가족에 대한 프레임, 인생에 대한 프레임이 다양해지고, 서로 다른 프레임을 갖고 있어도 괜찮다는 생각은 좋은 관계를 유지하는 데 중요한 역할을 한다.

프레임은 관념과 비슷해 바꾸기가 쉽진 않다. 그래서 생각의 문을 하나 열어두어야 한다. 나의 생각과 경험은 이 세상에서 일어나는 무수히 많은 일 중 하나일 뿐이라는 사실과 나 역시 나의 프레임에 갇혀 있다는 것을 수시로 인식하는 문이다.

그 문이 열려 있을 때 프레임이 함정이 되지 않을 수 있다. 문을 열어두면 마음의 결을 다듬게 되고, 마음의 결이 다듬어져야 문이 열린다. 사람들은 각자의 프레임을 갖고 있다. 차이는 자신의 프레임을 아는 사람과 모르는 사람에 있을 뿐이다. 다른 모습의 프레임을 존중하는 것은 지혜로운 일이다.

🌿 좋은 관계란?

힘들면서도 유지하려고 한 좋은 관계는 대개 다툼이 없는 관계, 끊어지지 않는 관계였다. 다투지 않고, 끊기지 않으려고 참다 보니 힘들어진 것이다. 어떻게든 유지하는 것이 과연 좋은 관계일까?

갈등이 있는 가족관계를 보면 그 속에 일방적인 헌신과 희생의 요구, 살얼음판을 걷는 것 같은 공포 분위기, 가족을 뜻대로 움직이려 하거나 감정과 행동을 통제하려는 시도가 있었다. 적어도 일방적인 희생을 요구하거나 감정과 행동, 표현이 통제되는 관계는 좋은 관계로 보기 어렵다.

서로에 대한 헌신과 희생은 따르지만 이해와 배려를 받을 수 있는 관계, 자유롭게 자신을 펼쳐 보여도 되는 편안함이 있는 관계, 서로의 권한과 경계를 지켜주는 관계가 좋은 관계이지 않을까? 포털사이트에서 좋은 관계를 맺는 법을 검색하면 관련 서적부터 동영상까지 손쉽게 찾을 수 있다. 좋은 관계를 설명하는 사람은 많지만, 실제로 그 관계를 만들고 유지하는 사람은 나다. 생각보다 내가 할 수 있는 일이 많은 것 같다.

그냥 믿어보기

최근 심리학 연구에서 관계에 영향을 주는 '애착'이 전 생애에 걸쳐 형성된다는 결과가 나오고 있습니다. 과거 애착이 형성되는 결정적인 시기(3세이전)가 있다는 이론에 반하는 것이기도 한데요, 이 연구의 근거는 좋은 관계에 있습니다. 살아가는 동안에 좋은 관계를 경험하게 되면 그 시기가 언제이든 애착을 형성할 수 있게 된다는 것입니다. 좋은 관계는 어쩌면 불안정한 애착으로 성장하지 못한 감정을 치유하는 인큐베이터가 될 수도 있겠습니다.

불안정한 애착형성이나 부족한 좋은 관계의 경험은 누군가를 믿는 것을 어렵게 하기도 합니다. 그건 신뢰가 부족해서이기도 하고, 속고 싶지 않아서이기도 합니다. 그러다 보니 순도 100%의 진심(또는 진실)을 추구하고, 그것을 상대에게 요구하면서 갈등이 빚어지게 됩니다.

믿으려 해도 잘 믿어지지 않고, 그렇다고 막상 믿지 않으려니 기분이 별

로라면 그냥 믿어보는 것은 어떨까요? 순도 100%의 진심이 계속 캔다고 해서 얻어지는 것은 아니기 때문입니다. 그것이 존재한다면 그것이야말로, 눈 딱 감고 믿어버려야 얻을 수 있는 것일 겁니다.

누군가 널 위해 누군가 기도하네.
너 홀로 외로워서 마음이 무너질 때
누군가 널 위해 기도하네.

<누군가 널 위해 기도하네>라는 노래의 한 소절입니다. 라디오에서 나오는 이 노래를 무심히 듣던 중에 이런 생각이 들었습니다. '너'를 '나'로 바꿔보면 어떨까?

누군가 나를 위해 누군가 기도하네.
내가 홀로 외로워서 마음이 무너질 때
누군가 날 위해 기도하네.

누군가 나를 위해 기도한다는 것, 누군가 나를 생각해주고 있다는 것이 주는 위로가 얼마나 큰지요. 그런데 홀로 외로워서 마음이 무너질 때, 누군가 나를 위해 기도한다는 걸, 아니 누군가 있다는 것조차 잊게 되는 것을 봅니다. 그래서 더없이 외롭고, 슬퍼지는데도 그 고독한 상태에서는 그걸 잘 모릅니다.

누군가 나를 위해 기도한다는 것. 그걸 그냥 믿어보면 어떨까요 있어도 없는 것처럼 느껴지는 헛헛함에는 그냥 믿는 게 도리인 것 같습니다.

5장

두 번째 생일

심리적 재탄생

> 마음의 회복은 느리지만, 꾸준히 한 방향을 향해가는 긴 항해이다.
> 항해를 하다 보면 치유는 가랑비처럼 우리 삶에 젖어들 것이라 믿는다.

"내가 나를 낳았어요."

오랜 시간 집단 상담을 함께 해온 분에게 들었던 말이다. 자신과 가족 사이에 쉽게 풀리지 않는 문제를 안고, 앓으며 인고의 시간을 보낸 끝에 얻은 눈물 젖은 말이었다.

나는 이 말에서 자유를 느꼈다. 마음의 족쇄를 풀고, 다시 태어난 자유. 이제 내가 나를 다시 따뜻하게 길러낼 수 있을 거란 희망 같은 것이었다. 너무 일찍, 너무 오래 마음을 차지해버린 상처는 마음의 성장을 방해한다.

치열한 어린 시절을 보내야 했던 자녀들도 정신을 차리고보니 어른이 되어버렸다. 몸의 키는 자라 어른이 되었지만, 마음의 키는 몸만큼 자라지 못한 경우가 많아 어른이 된 내가 마음속 어린아이 같은 나를 재양육하는 시간이 필요해진다. 아이의 마음과 어른의 마음은 감당할 몫이 다른데 채 자라지 못한 마음이 어른의 몫을 살아내려니 버겁기 때문이다.

흔들흔들하거나 아슬아슬할 때도 있었고, 포기하고 싶을 때도 있었다. 그럴 때는 그냥 아무것도 하지 않았다. 노력도, 포기도. 시간이 약이 되기도 했다. 버티고 견뎌낸 시간은 마치 산고의 진통과도 같았을 것이다. 그 진통을 다 겪어내고 난 후에야 할 수 있는 말이 "내가 나를 낳았어요"이다.

그렇게 조금씩 회복의 자리로 옮겨가는 사이에 성장이 일어난다. 우리가 성장했다는 것은 대개 관계에서 확인하게 되는데, 콘크리트 같던 생각들이 유연해지고 자신에게 조금은 관대해진다. 나 중심이던 삶이 주변과 함께하는 삶으로 넓혀지기도 한다. 타인의 감정을 느끼고, 공감하고, 이해하며 용서하는 일이 중요해진다. 이해와 용서가 없어지는 삶은 너무 차가우니까.

이 과정에서 나의 역할은 제자리에 머물러 있는 환경이었다. 큰 힘이나 단단함은 없지만 늪는 모양대로 받아내는 해먹처럼 그냥 말하면 말하는 대로, 울면 우는 대로 들으면서 한자리에 앉아 있는 것만이 내가 할 수 있는 유일한 일이었다.

어쭙잖은 위로보다 침묵이 낫다는 걸 그렇게 배웠다. 그들도 나도 무언가를 하나씩 배워가면서 시간을 버틴 것 같다.

> 다시 태어난 것 같아요. 내 모든 게 다 달라졌어요
>
> … 중략 …
>
> 오! 놀라워라 그대 향한 내 마음
>
> 오! 새로워라 처음 보는 내 모습
>
> 매일 이렇다면 모진 이 세상도 참 살아갈 만할 거예요
>
> -윤종신의 노래 <환생> 중에서

다른 누군가를 만나 삶이 새롭게 변하는 경험도 좋지만, 진정한 나를 만나 다시 태어난 듯한 변화를 느끼는 건 더 좋다. 누군가에 의해 채워진 충족은 상대가 사라지면 같이 사라질 가능성이 있지만, 나로 채워진 충족은 내가 존재하는 한 나와 함께 있다. 이 단순한 이유가 자신의 삶에 주체력을 회복해가야 하는 이유가 된다.

주변도 세상도 그대로인데 세상이 달라져 보이는 것은 '처음 보는 내 모습' 때문이다. 지금껏 그렇게 본 적이 없었는데 마음이 달라지면서 다르게 볼 수 있게 된 것이다.

마음이 달라지니 마음에 투영되는 세상도 달라질 수밖에 없는 당연한 이치다. 사람의 습관이란 것이 새로운 변화를 더디 느끼게 하지만, 그럼에도 마음에 남는 몇몇 변화들은 삶을 회복하는 동력이 된다. 그 힘으로 모진 이 세상을 살아가게 되는 것 같다.

🌿 매년 12월 23일의 감사함

2013년부터 지금까지 매년 12월 23일이 되면 받는 문자메시지가 있다. 크리스마스이브 하루 전날에 오는 이 메시지는 내게 크리스마스이브의 이벤트가 되었다.

2012년 12월 23일에 G씨는 술을 끊기로 결심했다. 우리나라 최고의 명문대를 졸업하고, 해외 유학까지 다녀온 G씨는 남부러울 것 없는 스펙을 가진 사람이었다. 스펙에 걸맞은 사회생활도 했었다. 외부로 표현되는 자신감이 넘쳤고, 지적 능력도 뛰어났다. 그런 G씨를 취업준비생으로 만들고, 자기만의 성城에 가둔 건 술이었다.

G씨의 스펙은 음주문제의 심각성을 자주 희석시키고는 했다. 그렇게 몇 번을 망설이고, 고민하기를 반복하던 G씨는 더는 나빠질 것이 없다고 느낀 2012년의 겨울에 알코올 중독을 인정했다.

그리고 단주와 회복의 삶을 열었다.

삶이 회복될 때 '감사'를 선물로 받게 된다. 감사는 마음을 기쁘게 하고 겸손해지게 한다. G씨는 그 감사를 나에게 나누어주는 것이다. 그 덕에 나도 매년 12월 23일이면 감사함을 느낀다. 우리는 서로에게 감사를 전하는 사이가 되었다. 이런 사이를 의미 있는 관계로 볼 수 있지 않을까.

G씨의 이야기를 담기 전, 적은 글을 미리 G씨에게 보였다. 그의 이야기를 내가 책에 담아도 될지를 묻기 위해서였다. 조심스러운 마음으로 물은 내게 G씨는 이렇게 답했다.

새삼, 선생님의 글을 읽으며 예전의 단주에 치열했던 저와 지금의 제 모습을 돌아봅니다. 감사의 마음으로 자기절제력, 균형감각을 회복해야 하는데 제 회복의 시작을 다시 생각나게 해주셔서 감사합니다.

중독의 자리에서 회복의 자리로 옮겨온 첫날을 기념하며 매년 작게나마 세레모니를 하는 사람들이 있다. 생일보다도 이 날을 기억하고 축하한다. 축하를 받는 사람은 주변에 감사를 전한다. 그 감사의 힘으로 또다시 하루하루를 살아간다.

그들은 술로 힘든 삶을 살고 있는 사람들을 돕는 일을 중요하게 여겨 병원으로, 집으로 도움이 필요한 사람을 찾아가기도 한다. 누군가의 회복을 위해 기꺼이 자신의 경험을 내어놓는다. 그런데 신기하게도 누군가를 위한 일이 자신을 위한 일이 되기도 한다. 남을 도우려 한 일인데 오히려 자신이 더 기쁘고 힘이 된다고 한다. 회복이란 건 이런 것인가 보다.

회복의 자리에 있는 분들은 '중독의 은혜'라는 말을 한다. 이 아이러니한 말의 깊은 의미를 나는 충분히 헤아리지 못한다. 다만 중독의 수렁에서 겪은 고통과 벗어나기 위한 처절한 몸부림이 인생의 의미를 깊이 있게 깨닫게 했기 때문이 아닐까 짐작한다.

"선생님, 전에는 살아지는 삶을 살았었는데 이제는 살아가는 삶을 사는 것 같아요. 나는 그게 참 좋아요."

중독에서 벗어나 회복의 길을 걷는 분이 내게 하신 말씀이다. 살아지는 삶과 살아가는 삶의 차이를 분명하게 느끼고 계신 것 같았다. 중독으로부터의 회복은 놓치고 있던 인생의 핸들을 다시 잡게 한다. 그동안 자율주행 중이던 자동차의 핸들을 잡고, 내가 가고자 하는 곳을 향해 진짜 주행을 시작하는 것이다.

그저 숨이 주어지고 해가 뜨고 져서 산 하루와 내가 원해서 살아낸 하루는 다르다. 나는 이렇게 다시 태어나는 느낌을 '심리적 재탄생'이라고 부른다.

육체적 탄생은 내가 어찌할 수 없는 자연적인 일이었다면, 심리적 재탄생은 충분히 내가 어찌해볼 만한 일이다. 우리가 자연에 토를 달 수 없는 것처럼, 자연으로 생겨난 우리의 생명에도 토를 달 수는 없을 것 같다.

이제 우리의 관심사는 어떻게 나의 마음을 새롭게 태어나게 할 것인가에 있다. 어찌해볼 수 있는 일에는 과감한 용기가 필요하다.

회복의 기준

병에 걸린 사람이 회복된다는 것은 보통 병이 나은 상태를 말합니다. 위장염이라고 한다면, 염증이 사라진 상태가 되겠지요. 그 기준은 병이 생기기 전 상태로 돌아가는 것입니다.

병의 이전 상태로 돌아가는 것이 쉽지 않은 정신질환은 증상을 관리하면서 일상을 영위하는 상태가 회복의 기준이 되기도 합니다. 환청과 망상이 없어질 때까지 기다리는 것이 아니라 증상을 관리하며 건강한 일상을 유지해가는 것을 회복의 기준으로 삼는 것입니다. 영화 <뷰티풀마인드>의 존 내쉬 교수가 여전히 환시가 보이지만 그것을 구별하는 방법을 터득한 후로 다시 연구와 교수를 할 수 있게 된 것처럼 말입니다.

알코올 중독에도 회복의 기준이 있습니다. 그들의 회복은 지속해가는 것이고, 과정이며, 언제나 현재-진행형입니다. 누구라도, 언제라도 예외일 수 없는 병이기에 긴장을 늦추지 않기 위함이기도 합니다. 그래서 술을 끊고 건강한 생활을 하고 있는 분들은 스스로를 '회복 중인 알코올 중독자'라고 말합니다.

언젠가 송봉모 신부님의 책을 읽다가 회복에 대한 새로운 이해를 하게 되었습니다. 그 이해는 매우 신선한 바람 같았습니다. 회복回福을 한자어로 풀이한 것인데 돌아올 회, 복 복, 글자 그대로 보자면 회복은 '복으로 돌아온다'는 뜻이 됩니다.

제가 이해한 내용은 이렇습니다. 사람은 본래 복된 존재인데 세상살이로 그 존재의 복됨을 잊게 된다고 합니다. 무언가를 해서가 아니라 사람이기에 그 이유만으로도 우리는 복된 존재라는 것입니다. 명예와 성취를 가져야 복이 있고, 그렇지 못하면 복이 없는 것이 아니라는 말입니다. 그래서 회복回福은 복된 자기, 본래의 자기로 돌아오는 것을 의미한다고 합니다.

저는 이 대목에서 '아!' 하고 탄성이 났습니다. 어쩌면 우리가 자아상을 치유하고, 자기에게 도움이 되는 자기개념을 만들어가는 것이 이런 회복의 과정이 아닐까 해서였습니다. 시대적 가치가 무엇이든 그것이 존재의 가치를 앞서지 못한다는 깨달음도 있었습니다.

'이 세상에 변하지 않는 것은 없다는 사실만이 변하지 않는다'는 말을 들어보셨는지요. 이 말은 더디더라도 나아질 거라는 희망을 품고 변화의 여정을 걷게 합니다. 사람은 쉽게 변하지 않는다고 하지만 쉽게 하려고 해서 변하지 않는 건지도 모르겠습니다.

회복은 꾸준히 천천히 계속해야 하는 일입니다. 성실한 노력으로 생겨난 회복의 마음은 쓰임새가 많습니다. 나에게도, 남에게도 아주 유용하지요.

고통의 쓸모
회복 경험을 나누는 삶

> 결핍된 감정을 채우고, 상처 난 마음을 보듬는 일에 동행하는 사람.
> 우리는 서로에게 충분히 좋은 도반이 될 수 있다.

'어떤 고민이든 맡겨만 주시면 최상의 해결책으로 만족을 드립니다.' 만약에 이런 간판을 내걸고, 세상 모든 근심사를 해결해주는 회사가 있다면 어떨까? 아마도 로또 명당보다 더 긴 줄이 만들어질 것 같다.

나는 직장에서 대부분의 시간을 누군가의 고민을 고민하는 일에 쓴다. 고민거리 레시피를 받아서 이리저리 반죽해보고, 이런저런 모양으로 맞춰가며 최상의 해결책을 떡하니 만들어낼 수 있다면 좋으련만 그렇지 못할 때가 더 많다.

'어떤 고민이든 맡겨만 주시면 최상의 해결책으로 만족을 드립니다'라는 간판은 어려울 것 같다. 대신에 이것은 가능할 것 같다. '당신의 걱정을 걱정해드립니다.' 당신의 걱정을 같이 걱정하고, 걱정하고 있는 당신을 걱정하며 마음을 써드립니다.

🌿 도와줘요, 병민 씨 ━━━━━━━

누군가 나를 걱정하고, 이야기를 들어주는 것만으로도 위로가 되는 때가 있다. 따뜻한 밥 한 끼보다 따뜻한 말 한마디가 허기를 채워주기도 한다. 그 마음에 진정성이 들어 있다면 그건 24시간 고아낸 사골보다 깊은 진국이다. 진국은 한 그릇만 먹어도 힘이 난다. 진정성이 들어 있는 말에 힘이 있는 이유다. 그 힘을 가꿔 남을 돕는 데 쓰는 사람들의 이야기를 하고자 한다.

온 마음과 온몸으로 오롯이 정신질환을 앓아 낸 사람들이 병에서 회복되면서 자신의 경험을 도구 삼아 남을 돕는 일에 쓰고 있다. 단순히 병을 앓은 경험만으로 누군가를 돕는 것은 어렵기에 63시간의 교육과 20시간의 실습을 받고, 이수평가시험을 치른다. 이 과정을 마친 후에는 보수교육을 받으며 동료지원가로 활동한다.

동료지원가는 정신장애인의 고용촉진을 위해 고안된 직업군이다. 잠시 삼천포로 빠지자면, 정신장애인은 장애인고용영역에서도 편견과 오해로 소외될 때가 많다. 가장 낮은 임금과 가장 낮은 취업률에 항상 정신장애인이 있다. 장애인 취업박람회에서 정신장애인이라는 이유로 허탕을 치고 돌아오는 날, 세상의 벽을 느꼈다는 분들의 말에 마음이 더없이 무거웠다.

다시 돌아와 초기 정신질환으로 힘겨운 사람들에게 앞서 병의 경과를 겪어낸 사람의 이야기만큼 영향력 있는 것은 드물다. 아무도 모를 것 같은 증상을 직접 겪어 봤다고 하니 말이 통할 것 같지 않겠는가.

동료지원가는 바로 이 지점에서 일한다. 정신질환으로 세상과의 단절이 느껴질 때 그 마음을 이해해주고 다가서는 역할을 맡는다. 정신건강전문가와 소통하며 당사자 입장에 서서 필요한 도움을 제안하기도 한다.

"친한 형이 자꾸 죽으려고 해서 그 형을 돕고 싶어서 동료지원가가 되었어요."
"내가 이 병으로 아파보니까 내 경험이 누군가에게 도움을 줄 수도 있을 것 같았어요."

덥수룩한 머리에 말이 없던 병민 씨의 목소리를 듣는 일은 하늘의 별 따기 같았다. 말을 건네도 대답이 없어 처음엔 나를 별로 안 좋아하는 줄 알았다. 2015년 가을에 만난 병민 씨의 첫인상이었다.

그가 조금씩 달라지기 시작한 것은 2박 3일간 진행되는 취업훈련을 제안하면서부터였다. 취업훈련을 시작으로 그는 여러 포럼과 세미나, 교육과 훈련에 빠지지 않고 참여했다. 기회가 생길 적마다 면접을 보며 취업도 시도했다. 이런 시도들은 그 안에 숨어 있던 발랄함도 찾게 했다. 그는 명랑한 사람이었다.

2019년 동료지원가 양성과정 교육을 받으면서 그의 잠재력이 터졌다. 그는 자살시도를 반복하는 친한 형을 돕고 싶어서 동료지원가를 희망했다. 공부하고, 실습하고, 수료까지 마쳤다. 친한 형을 돕고 싶어서 시작한 공부는 형뿐 아니라 주변 사람들에게까지 관심을 넓히게 했다. 적응이 힘든 분에게 매일 아침 전화해 출근을 독려하고, 집콕 생활을 하는 분들의 일상을 살핀다.

비행과 이른 발병으로 일찍이 학업을 접었던 그는 2020년 방송통신고등학교에 진학했다. 38살의 고등학생은 주말엔 공부하고, 주중엔 일한다. 이제 조현병은 그가 동료들을 이해하고 도울 때 쓰이는 경험자산이 됐다.

병민 씨에 대한 글을 쓰려고 마음먹고, 그에게 그의 이야기를 담아도 될지 물었다. 1초의 망설임도 없던 그는 익명으로 쓴다는 내게 자신의 이름을 넣어달라고 했다. 지금 이 순간 전국 곳곳에서 또 다른 병민 씨들이 적응하기 어려운 정신질환으로 힘들어하는 동료의 이야기를 듣고 있을 것이다.

🌿 당사자연구실

내가 일하는 곳에는 작은 강의실이 있다. 여러 용도로 쓰는 이 공간은 매주 수요일 오후 3시가 되면 연구실이 된다. 당사자연구에 관한 세미나에 참여했던 한 분이 감명을 받아 시작한 자조모임이 열린다. 그분은 모임의 리더가 되어 동료들에게 당사자연구를 소개하고 함께 참여해줄 것을 제안했다. 이렇게 시작된 모임이 2년을 훌쩍 넘겼다.

당사자연구는 일본에서 시작된 정신건강프로그램이다. 정신질환과 증상을 자기만의 고유한 표현으로 풀어내는 방식인데 당사자가 직접 자신의 증상을 연구한다 하여 당사자연구라고 한다. 당사자연구에서는 '병'이 아닌 '고생'이라는 용어를 사용한다.

'나는 이런 병에 걸렸습니다.' vs '나는 이런 고생을 하며 살아왔습니다.' 사소해 보이는 용어의 차이가 감정의 온도를 다르게 한다. 이 연구에서 나와 병의 증상은 별개의 존재이다. 병이 곧 정체성이 되던 인식의 습관을 청산하고, 효과적으로 증상을 관리하는 방법들을 공유한다.

모임은 매주 열린다. 직접 만나기 어려운 상황에서는 온라인으로 만난다. 리더의 열정과 동료애가 이 모임을 끌어가고 있다. 모임의 리더는 이 연구가 무척 특별하다고 했다. 당사자연구를 할수록 자신을 보게 되는 것도 좋지만 동료들에게 도움이 된다는 것이 행복하다고 한다. 누군가에게 도움이 되는 삶. 그것이 주는 행복. 살아가는 동안에 누릴 수 있는 의미 있는 가치가 있다면 이런 것이 아닐까 한다.

나는 상한 마음의 정점이 정신질환이라고 생각했다. 마음이 다치고 닫히는 순간 이 병이 어떤 형태로든 찾아든다고 보았기 때문이다.

공황, 우울, 조울, 중독, 그리고 가장 정점의 조현병까지, 정신질환에 걸려본 사람이나 나처럼 그들 가까이에 있는 사람들은 안다. 그 병이 얼마나 지독하고 괴롭고 외로운지를. 동료지원가는 이 아픔을 오롯이 느껴봤기에 이 병이 주는 고통을 잘 안다.

환청으로 주변 사람들과 자주 다투고, 화를 내던 분이 있었다. 모두가 그분을 두고 어떻게 대처해야 할지 고민할 때 병민 씨가 말했다.

"저는, 그냥 우리가 조금만 더 이해해줬으면 좋겠어요. 저도 환청이 들려봐서 알아요. 지금은 힘든데 시간이 지나면 나아지니까요. 저도 그랬어요."

환청 때문에 소리를 지르거나 우는 일이 정신재활시설에서조차 외면당하면 대체 어디 가서 그 호소를 할 수 있겠냐는 말이었다. 옳다. 맞다. 이곳에서 일을 시작하면서 마음속에 든 다짐 같은 것이 있었다.

'다른 건 못해도 이곳에서 함께하는 분들이 병으로 인해, 가난으로 인해 초라해지지 않도록만 하자.'

병민 씨가 이 다짐을 꼭 지키라고 말하는 것 같았다.

사람의 쓸모를 어떻게 정할 수 있을까? 마음의 쓰임새가 어디서 어떤 방식으로 쓰일지 알 수 없는 일이다. 상하고 다친 마음의 효용 가치가 얼마나 될지도 모를 일이다.

한 가지 알 수 있는 것은, 다친 마음을 치유하고, 닫힌 마음을 여는 긴 여정도 함께 걷는 도반이 있으면 가볼 만하다는 것이다.

마음이 가는 곳

티베트불교의 오랜 수련법에 '통렌Tonglen명상'이라는 것이 있습니다. '통렌'이란 말은 티베트어로 '주고받는다'라는 뜻입니다. 통렌명상은 주고받는 명상이란 의미가 되지요 그런데 무엇을 주고, 무엇을 받는 걸까요?

명상을 해보지 않았더라도, 매 순간 호흡하는 우리는 들숨과 날숨을 쉽니다. 푸른 숲에 가거나 등산을 할 때면 가슴을 펴 들숨에 좋은 숲의 공기를 마시고, 날숨에 묵은 공기를 내뱉기도 하지요. 답답하고 묵은 가슴 속 공기는 내뱉는 데 익숙했던 제게 통렌명상의 호흡법은 색달랐습니다.

통렌명상은 들숨에 나쁜 기운, 좋지 않은 공기를 마시고 날숨에 맑고 좋은 공기를 내보내는 상상을 하도록 합니다. 상상 속에서 다른 사람의 고통과 아픔을 자신이 떠맡아 그것을 선하고 아름다운 것으로 바꾸어 상대에게 보내는 것입니다. 누군가로 인해 심기가 불편함을 느낄 때 차분히 통렌명상을 하다 보면 오히려 불편한 심기에서 오는 부정적 감정에 마음이 오염되지 않는다고 합니다.

이런 명상을 하는 이유는 습관적으로 일어나는 자신의 이기심을 부수기 위함이라고 합니다. 마음의 결을 다듬어 마음을 선하게 하기 위함으로 여겨집니다.

통렌명상을 접하면서 마음이 이렇게도 쓰일 수 있구나 싶었습니다. 그리고는 '나의 마음은 어떻게 쓰이고 있나' '나는 어떤 곳에 마음을 두고 살고 있는가' 생각하게 되었습니다.

요즘엔 마음이 가는 곳에 돈이 가고, 돈이 가는 곳에 마음이 간다고 합니다. 어디에 마음을 두고 있는지 확인하는 방법이 내가 가장 많은 돈을 사용하는 곳이라니, 마음이 가는 곳을 찾기가 그리 어렵진 않을 것 같습니다.

돈 다음으로는 시간이 있습니다. 마음이 가는 곳에 시간을 투자하게 됩니다. 다르게 말하면 내가 가장 많은 시간을 보내는 일이, 나의 마음이 머무는 곳인 셈입니다.

가장 많은 시간을 할애하는 일, 가장 많은 돈을 사용하는 곳이 마음을 둔 곳이라고 한다면 지금 나의 마음은 어디에서 무얼 하고 있을까요? 내 마음 속에는 무엇이 어떻게 '통렌'되고 있는지, 내 마음의 쓸모도 생각해봅니다.

나가면서

~~~~~~~~

나의 고민과 아픔이
세상에 쓸모가 있기를

누군가에게 괜찮은 환경이 되고 싶었고, 마음을 위로하는 사람이 되고 싶었다. 나의 고민과 아픔이 공감의 기술로 쓰이기를 바랐다. 그래서 나는 정신건강사회복지사가 되었다. 돌이켜보면 나의 경험이 때론 독선이 되기도 했고, 두려움이기도 했다. 하지만 상대의 마음을 헤아리고 한 발짝 다가가는데 그보다 훌륭한 기술도 없었던 것 같다. 그렇게 정신건강사회복지사로 함께한 자리에서 나의 삶도 깊어져가는 걸 느낀다.

* * *

이 책은 내가 만난 사람들의 이야기이고, 또 나의 이야기이다. 어쩌면 나의 글이 중독과 정신질환을 미화하는 것으로 읽힐지도 모르겠다. 설령 그렇다 해도 어쩔 도리가 없다. 미화하려 한 것이 아니라 단지 다르게 보려 했을 뿐이니 말이다. 만일 그 시선이 공유된다면 더없이 감사한 마음이다.

자기중심적이거나 파렴치하거나 혹은 폭력적인 알코올 중독자. 그들의 이면에 자리한 슬픈 그늘을 누군가는 말해주어야 할 것 같았다. 단주를 결심하고 삶을 추슬러가는 분들이 내게 알려주었다. 그 슬픔을 알아봐주면, 그 마음이 위로받으면, 속도가 느리고 걸려 넘어지기도 하지만 다르게 살아갈 수 있다는 것을. 그러니 지금 내 앞에 최악의 상태로 있는 그 사람의 가능성을 믿는 수밖에 없다.

조현병으로 십여 년을 정신병원에서 보내야 했던 사람들, 수시로 들려오는 환청으로 세상을 향한 귀를 닫아야 했던 사람들, 가족조차도 외면하고만 싶었던 이 병에서 회복되어 가고 있는 사람들이 있다. 그들은 자신의 회복경험을 타인을 돕는 일에 쓰고, 작은 일자리에 감사함을 느끼며 살아간다.

그리고 그들의 가족 중 상처받은 아이가 자라 부모처럼 정신질환이나 중독에 걸리기도 했다. 부모와는 다른 삶을 살아보고자 애쓰는 사람들도 보았다. 항상 눈가가 촉촉한 부모님과 삶의 무게에 지친 형제도 있었다. 안쓰러움과 원망과 미움과 애정이 한데 섞여 참 뭐라 말할 수 없는 감정을 느끼게 된다.

당사자와 가족의 이야기를 들을 때면 나에게도 그 감정이 느껴지곤 했다. 나는 당사자와 가족 사이에서 어느 한 편에도 설 수 없었다. 그를 보면 그가, 그녀를 보면 그녀가 이해되었기 때문이다.

* * *

어쩌면 나는 매일 함께하고 있어서 정신질환이 이상해 보이거나 두렵지 않은 것인지 모른다. 함께하는 일상에서 느린 변화를 느끼고, 깊은 속사정을 공유할 수 있어서 다르게 바라보기가 가능한 건지도 모르겠다.

한 가지 분명한 것은, 다르게 보려 하면 다르게 보인다는 것이다. 정신건강사회복지사로 일하는 동안 나의 생각이 한결 같았던 것은 아니기 때문이다.

나는 나의 고정관념과 편견에 수없이 부딪혀야 했고, 좋은 판단과 옳고 그름을 두고 밤새 고민하기도 했다. 생각과 마음에 한계가 깨질 때 한 뼘의 성장이 가능했던 것 같다.

고정관념과 편견에 부딪침은 여전히 일어나고 있고, 깨져야 할 생각과 마음의 한계 역시 있을 것이다. 지금의 나는 모르고 있지만, 미래에 내가 알게 된다면 아마도 한 뼘 더 성장해 있을 테니 지금의 모름도 괜찮다.

*　*　*

나는 이 책을 통해 사회복지라는 우산 아래에서도 또 한 번의 소외를 겪고 있는 사람들의 이야기를 전하고 싶었다. 정신질환자, 중독자 그리고 가족의 정신질환으로 지친 분들의 사정을 담았다. 서툰 솜씨지만 이렇게 글을 띄우다 보면 언젠가 지금과는 다른 시선들이 맞닿을 날이 오지 않을까 하는 기대로 글을 썼다.

내가 지칠 때 빛을 발하는 나무 같은 남편과 사랑스런 두 아이. 언제나 지지해주시는 부모님들과 든든한 지원군 선혜, 고마운 가족들. 그리고 나를 믿고 기다려주신 메이트북스에 감사의 마음을 전한다.

참고문헌

- 권석만(2015), 『현대 심리치료와 상담 이론』 학지사, 271~272쪽 참조

- 린다 홉킨스(2009), 『거짓자기』 NUN

- 모리오까 히로시(2004), 『알코올 중독자 가족의 회복을 위한 길』 가톨릭출판사

- 민성길(1999), 『최신정신의학』 제 4개정판, 일조각

- 스테판 밋첼·마가렛 블랙(2002), 『프로이트이후-현대정신분석학』 한국심리치료연구소

- 앨런 프랜시스(2014), 『정신의학적진단의 핵심 DSM-5의 변화와 쟁점에 대한 대응』 시그마프레스

- 정옥분(2015), 『전생애 인간발달의 이론』 학지사

- 제임스 F. 매스터슨(2000), 『참자기』 한국심리치료연구소

- 존 스타이너(2013), 『정신적 은신처』 NUN

- 팡차오후이(2014), 『나를 지켜낸다는 것』 위즈덤하우스